내 인생을 바꾼
기도 습관

내 인생을 바꾼 기도 습관

저자 이대희

초판 1쇄 발행 2007. 12. 21.
개정판 1쇄 발행 2018. 2. 20.
개정판 5쇄 발행 2019. 9. 10.

발행처 도서출판 브니엘
발행인 권혁선

등록번호 서울 제2006-50호
등록일자 2006. 9. 11.
서울특별시 송파구 백제고분로28길 25 B101호 (05590)
마케팅부 02)421-3436
편집부 02)421-3487
팩시밀리 02)421-3438

ISBN 979-11-86092-61-3 03230

독자의견 02)421-3487
이메일 editorkhs@empal.com

북카페 주소 cafe.naver.com/penielpub.cafe
페이스북 www.facebook.com/penielbooks
인스타그램 @peniel_books

도서출판 브니엘은 독자들의 책에 관한 아이디어나 원고를 설레는 마음으로 기다리고
있습니다. 책으로 엮기를 원하는 아이디어가 있으신 분은 위의 이메일로 간단한 개요와
취지, 연락처 등을 보내주십시오. 머뭇거리지 말고 문을 두드리세요. 길이 열립니다.

도서출판 브니엘은 갓구운 빵처럼 항상 신선한 책만을 고집합니다.

나를 바꾸고 인생을 형통하게 하는 거룩한 습관들이기

내 인생을 바꾼
기도습관

이대희 | 지음

브니엘

| **프롤로그** | 기도보다 더 좋은 습관은 없다

우리가 미처 인식하지 못하는 사이에 행하는 무의식적인 행동들
은 대부분 습관으로 인한 것이다. 습관화된 것은 쉽다. 억지로 노
력하지 않아도 자연스럽게 행동으로 나오기 때문이다. 습관은 우
리 행동의 90%를 차지한다. 의식적으로 하는 것은 10% 정도에 불
과하다. 그만큼 습관화된 것은 바꾸기 어렵다. 따라서 90%의 무
의식적인 행동이 나의 삶을 결정한다고 해도 과언이 아니다. 만약
노력하는데도 불구하고 좀처럼 원하는 결과를 얻지 못한다면 오
랫동안 몸에 밴 습관 때문일 가능성이 높다. 무의식적으로 형성된
습관이 변화를 가로막기 때문이다.

습관화를 생활화라는 단어로 바꾸어 표현해도 무방하다. 생활
화하기 위해서는 일차적으로 몸에 배도록 습관화해야 한다. 언제
나 익숙한 것이 먼저 나오게 되어 있다. 예를 들어 오랫동안 마음

속에서 시기와 질투하는 일이 습관화된 사람은 그것이 언제 어떻게 밖으로 표출될지 모른다.

영적인 일도 습관이 중요하다. 나는 이것을 '거룩한 습관'이라고 부르고 싶다. 어릴 적부터 기도하며, 성경 읽고, 예배드리며, 주일을 지키는 몸에 밴 습관은 평생을 결정한다. 그러므로 하루빨리 거룩한 습관이 몸에 배도록 해야 한다. 그렇지 않으면 이미 태어날 때부터 본성적으로 지니고 있는 죄악 된 습성이 나를 지배하게 된다.

좋은 습관 중 하나는 기도하는 습관이다. 무엇을 하든지 하나님과 대화하고 결정하는 기도의 습관을 들이는 것이다. 이것은 원래 우리가 지닌 좋은 습관이었는데 인간이 죄를 지음으로 인해 잃어버리고 말았다. 아담은 하나님의 낯을 피해 숨고 대화를 거부했다. 이런 죄악 된 아담의 성품이 우리 속에 들어 있다. 그 영향으로 아담의 후손인 우리에게 기도하는 것이 어렵고 힘든 일이 되었다.

나의 인생을 바꿀 수 있는 일 가운데 하나는 기도하는 습관이다. 기도하면 우리 인생이 달라진다. 기도하면서 내가 변화되고, 내가 변화되면서 우리 주위도 변화된다. 우리는 기도함으로써 끊어진 하나님과의 관계를 다시 맺을 수 있다. 그 결과 하나님의 신비로운 능력을 받게 되면서 자연히 우리의 인생이 달라진다. 그러기에 우리는 어쩌다 기도하는 것이 아니라 정기적이고 습관적으로 기도해야 한다. 특별한 때만이 아니라 일상적으로 기도하는 습관을 들여야 한다. 호흡하듯 자연스럽게 일상 속에서 기도하는 삶을 사는 것이 그리스도인의 최고 목표가 되어야 한다.

나의 인생에서 기도보다 더 좋은 습관은 없다. 그 어떤 습관보다 기도하는 습관을 가져야 한다. 그런데 그것이 그렇게 만만치 않다. 우리 안에 있는 죄악과 교만 때문이다. 의심하고 불평하고 자기를 주장하는 모습이 기도를 방해한다. 이 책은 이런 문제를 발견하고 계속적으로 기도하는 습관을 가지게 하는 데 도움을 주기 위해 쓰였다.

기도를 거룩한 습관으로 들이기 위해서는 많은 씨름을 해야 한다. 거저 되는 것이 아니다. 기도에 관한 생각을 새롭게 하면서 거룩한 나의 습관으로 생활 속에 하루 빨리 정착시키는 것은 우리 모두가 바라는 일이다. 바쁠수록 기도하고, 힘들수록 기도하면서 문제를 해결하는 믿음의 시간을 가지길 소원한다. 하나님이 시작하지 않으면 아무것도 아니다. 무슨 일을 하든지 하나님과 함께하는 기도 습관이야말로 나의 삶을 성공으로 이끄는 최고의 비결이다.

이 책을 쓰는 동안 늘 머릿속에서 떠나지 않은 두 사람이 있다. 한 사람은 평생 동안 기도하는 삶을 살고 계신 어머니이다. 평생 동안 부족한 아들을 위해 쉬지 않고 기도하며 사시다가 지금은 천국에 계신 어머니의 기도의 힘이 컸다. 또 한 사람은 아내이다. 내가 하나님의 마음에 합한 종으로 쓰임받기를 간절히 바라면서 기도에 쉬지 않는 아내의 사랑에 늘 감사한다. 이 책은 다른 사람보다 일차적으로 기도하는 일에 더 힘쓰지 못한 나의 부족한 모습을 돌아보면서 기도에 힘을 다하리라는 다짐을 새롭게 하기 위해 썼다. 독자들의 기도의 삶에 조금이라도 도움이 되기를 기도한다.

골방에서 글쓴이 이대희

Chapter 2. 기도 생각

: 올바른 기도 생각은 삶을 형통하게 만든다

Chapter 3. 기도 습관

: 좋은 기도 습관은 인생을 축복으로 이끈다

기도는  하나님의 임재를 체험하는 통로다

* * * * *

기도는 하나님과 대화를 의미한다. 엄밀히 말하면 기도는 누구나 할 수 있는 것 같지만 사실은 그렇지 않다. 기도는 하나님을 믿는 성도만이 할 수 있는 하나님이 주신 특권이다. 하나님을 믿지 않는 사람은 기도하지 않는다. 아니 기도할 수 없다. 길을 가는데 갑자기 모르는 아저씨가 다가와서 자신에게 "아버지"라고 불러보라고 한다면 어떤 생각이 들겠는가? 있을 수 없는 일이다. 그리고 그 아저씨에게 지금 필요한 것을 달라고 하면 그 아저씨 또한 줄 리 만무하다. 하지만 자신의 진짜 아버지에게 다가가 "아버지!" 하고 부르면서 필요한 것을 달라고 하면 그것을 거부할 아버지는 없다. 언제라도 자녀는 아버지에게 다가가서 필요한 것을 구할 수 있다. 이것을 영적으로 이해하면서 하나님과 우리 사이를 생각하면 된다. 아버지와 아들이 대화하듯 하나님과 마음과 영으로 대화하는 것이 곧 기도이기 때문이다. "무릇 하나님의 영으로 인도함을 받는 사람은 곧 하나님의 아들이라. 너희는 다시 무서워하는 종의 영을 받지 아니하고 양자의 영을 받았으므로 우리가 아빠 아버지라고 부르짖느니라"(롬 8:14-15). "너희가 악한 자라도 좋은 것으로 자식에게 줄줄 알거든 하물며 하늘에 계신 너희 아버지께서 구하는 자에게 좋은 것으로 주시지 않겠느냐. 그러므로 무엇이든지 남에게 대접을 받고자 하는 대로 너희도 남을 대접하라. 이것이 율법이요 선지자니라"(마 7:11-12).

기도는 영이신 하나님과 함께하는 시간이다. 기도는 하나님과 영적관계를 맺는 시간이다. 우리는 기도를 통해 하나님의 영 안에 거하게 되고, 하나님의 임재를 경험하게 된다. 따라서 기도를 나의 유익을 위해 무엇인가를 얻어내기 위한 주술적인 도구로 생각해서는 안 된다. 기도는 주님과 만나는 시간이요 주님을 닮아가는 인격적인 과정이다. 우리는 기도를 통해 하나님을 더 많이 느끼고, 주님 안에 더 깊이 거하는 삶을 배워야 한다.

"기도를 통해 영이신 주님을 더욱 많이 느껴라! 기도하면서 주님이 나의 안에, 내가 주님 안에 있음을 경험하라! 나의 필요를 구하는 것보다 먼저 주님께 집중하라!" 이것이 기도의 핵심이다. 이것이 전제되지 않으면 기도는 이기적인 싸구려 만남이 될 수 있다. 먼저 주님이 원하시는 것을 이해하면서 그것이 기도 속에서 이루어지도록 해야 한다. 과거의 잘못된 이기적인 기도 습관에서 벗어나 이제부터는 참된 기도 습관에 익숙해지도록 노력해야 한다. 바른 기도 습관이 인생을 변화시킨다.

사랑하는 연인들은 눈빛만 보아도 상대방이 무엇을 말하는지 알 수 있다. 기도도 이와 같다. 오랫동안 기도하면 주님이 무엇을 원하시는지 알게 된다. 이것이야말로 기도를 통해 얻을 수 있는 최고의 선물이다. 주님이 원하시는 것만 알아차린다면 더 이상 문제될 것이 없다. 알고 보면 모든 문제는 주님이 원하시는 것을 발견하지 못했을 때 오는 갈등에서 비롯된다. 더 가지고 싶고, 더 쌓고 싶고, 더 누리고 싶은 것도 결국은 주님을 아는 것이 부족한 데서 오는 현상이다. "주의 인자하심이 생명보다 나으므로 내 입술이 주를 찬양할 것이라"(시 63:3).

"여러분은 식사 전에 감사기도를 합니다. 좋은 기도 습관이지요. 하지만 저는 연주회와 오페라를 보기 전에 기도하고, 연극과 팬터마임을 보기 전에 기도하며, 책을 펼치기 전에 기도합니다. 스케치, 그림 그리기, 수영, 펜싱, 권투, 산책, 춤추기 전에 기도하며, 펜을 잉크에 적시기 전에도 기도합니다."
– G. K. 체스터톤

습관이 바뀌면
인생이 바뀐다

●
●
●

"나는 누구일까요?"

나는 항상 당신과 함께합니다.

나는 당신을 가장 잘 도와주기도 하고,

가장 무거운 짐이 되기도 합니다.

나는 당신을 성공으로 밀어주기도 하고,

실패로 끌어내리기도 합니다.

나는 전적으로 당신의 명령에 따릅니다.

당신이 하는 일을 나에게 떠맡긴다면

나는 그 일들을 빠르고 정확하게 처리할 수 있습니다.

당신이 어떻게 하고 싶은지만 알려주세요.

몇 번 연습하고 나면

그 일을 자동적으로 할 수 있게 될 것입니다.

나는 모든 위대한 사람들의 하인이고,

또한 모든 실패한 사람들의 하인이기도 합니다.

위대한 사람들은 사실 내가 위대하게 만들어준 것이지요.

실패한 사람들 역시 내가 실패하게 만들어버린 것입니다.

나는 본래부터 있었던 것이 아닙니다.

바로 당신이 나를 키워주었습니다.

또한 하루아침에 이루어진 것도 아닙니다.

많은 세월 속에서 나는 조금씩 자랐습니다.

나무껍질에 글자를 새기면 나무가 자람에 따라

그 글자가 점점 커지듯

당신이 만든 나는 당신이 성장함에 따라 점점 커져 갑니다.

그러니 나를 잘 새겨주세요.

엄격하게 대해주세요.

그러면 당신의 인생이 달라질 수 있습니다.

나는 당신을 성공의 길로 이끌겠습니다.

그러나 나를 너무 쉽게 대하면 당신을 파괴할지도 모릅니다.

나는 '제2의 천성'이라고도 합니다.

과연 나는 누구일까요?

여기서 나는 바로 '습관'이다. 습관이란 우리가 비슷한 상황에서 자동적으로 반복하게 되는 어떤 행동을 말한다. 예를 들어 밥을 먹기 전에 물을 마시거나, 양치질을 하기 전에 칫솔에 물을 묻히거나, 자정이 넘어야 잠자리에 드는 것 등 사소하지만 매일의 삶에서 반복적으로 행하는 일이다.

아침에 일찍 일어나 운동을 하거나, 잠들기 전에 독서를 하는 것과 같은 좋은 습관은 우리의 삶에 도움을 주지만 음주나 흡연, 늦잠 등과 같은 나쁜 습관은 장기적으로 커다란 해가 될 수 있다. 흥미로운 것은 나쁜 습관은 저절로 생기는 반면 좋은 습관은 쉽게 만들어지지 않는다는 사실이다. 왜냐하면 인간은 이미 죄악 가운데서 태어났기에 좋은 습관보다는 나쁜 습관에 더 익숙하기 때문이다. 나쁜 습관은 배우지 않아도 우리 안에 있는 악한 성품으로 인해 저절로 생긴다. 어느 누구도 훈련시키지 않고 그냥 자기가 하고 싶은 대로 하도록 내버려두면 하나님과 점점 더 멀어지는 악한 습관으로 발전한다.

"세 살 버릇 여든까지 간다"라는 속담이 있다. 이 말은 습관, 특히 나쁜 습관이 우리가 원하는 만큼 쉽게 바뀌지 않는다는 의미이다. 알고 보면 신앙생활도 습관이다. 거룩한 습관을 얼마나 나의 것으로 만들어 가느냐에 따라 신앙생활의 성패가 좌우된다. 습관이 바뀌면 행동이 바뀌고, 행동이 바뀌면 인생이 바뀐다. 어떻게 하면 좋은 행동들을 습관화할 수 있느냐가 문제이다.

우리가 좋은 습관을 만들지 않으면 원하지 않아도 자연스럽게 우리 안에 내재되어 있는 나쁜 습관에 사로잡혀 삶을 망치게 된다. 이것이 좋은 습관을 훈련해야 하는 이유이다. 힘들지만 좋은 습관들을 우리 삶에 익숙하게 만들면 나쁜 것들이 우리를 지배하지 못하게 된다.

그리스도인은 이전과 다른 삶을 살아야 한다. 예수님을 마음에 영접한 사람은 새로운 사람이다. 새사람은 새로운 삶의 방식이 필요하다. 옛사람의 삶의 스타일과는 과감히 결별해야 한다. 그러나 그 고리를 끊는다는 것이 생각처럼 쉽지 않다. 한 번 길들인 옛 습관에서 좀처럼 벗어나기 어렵다.

예를 들어 예수님을 믿기 이전에 즐겼던 세상 삶의 모양들은 믿음을 가진 우리를 계속 힘들게 한다. 술과 담배는 믿음을 가진 이후에도 끊기가 여간 힘들지 않다. 그로 인해 직분을 가지고 열심히 신앙생활을 하면서도 때때로 옛 습성의 유혹을 뿌리치지 못하는 사람들이 많다. 사역현장에서 이것 때문에 고민하는 그리스도인을 많이 본다. 이것은 한 번 젖은 습관이 얼마나 무서운 것인지 잘 보여준다.

하나님 없이 자기중심적으로 살았던 자기 교만의 습관이 하루아침에 없어지겠는가? 그렇지 않다. 평생을 간다. 우리는 자신을 죽인다는 것이 얼마나 힘든 일인지 날마다 경험한다. 특히 오랫동안 자기 자랑으로 살아온 사람에게는 더 어려운 일이다. 순간마다 하나님을 거부하고 자신을 드러내는 교만 된 모습도 악한 습성에서 오는 습관의 문제이다. 영혼의 구원을 받았지만 생활에서는 아직도 온전한 구원이 일어나지 않은 것이다.

나쁜 습관의 줄을 끊어버리는 것은 여간 힘든 일이 아니다. 나는 구치소에서 재소자들과 함께 성경 공부를 하고 있다. 수많은 재소자들을 만나면서 그들의 습관이 얼마나 무서운 것인지를 생생하게 본다. 한 번 젖은 나쁜 습관은 평생 동안 감옥을 드나들게 하고, 전과에서 벗어나지 못하게 만든다. 한 번 익힌 도둑질의 습성과 술 마시고 행패 부리는 습관은 출소 후에도 또다시 나타나 계속 괴롭힌다. 그 습관을 이기지 못하면 결국 습관에 사로잡혀 또 감옥에 들어온다. 그로 인해 계속해서 감옥살이를 하는 사람들을 많이 본다. 습관화된 것은 놀라운 힘을 가지고 있다. 무의식중에 나타나기에 제어하기가 쉽지 않다. 한순간에 자연스럽게 나타나서 나를 사로잡는다. 이것이 습관의 힘이다.

그럼 어떻게 하면 우리 안에 있는 나쁜 습관을 없앨 수 있을까? 사실 이것은 불가능하다. 노력한다고 되는 것이 아니다. 우리는 본질상 악하기에 악한 습성은 몰래 숨어 있다가 결정적인 순간에 다시 나타난다. 제어할 수는 있지만, 그것을 완전히 없앨 수는 없다. 인간의 힘으론 하나님을 거역하고 육신의 타락을 좇아가는 악한 습관들을 해결할 수 없다.

밖에서 보면 깨끗해 보이는 웅덩이도 미꾸라지 한 마리가 휘젓고 요동치면 금세 흙탕물이 된다. 인간의 마음 상태도 이와 같다. 겉에서 보면 착한 것 같지만 실상 안으로 들어가 보면 그렇게 악한 존재가 또 있을까 싶다. 밖에서는 성인군자처럼 평가받는 사람이 집에서는 가족들에게 치를 떨게 하기도 한다. 대중적으로는 흠 없이 좋게 평가받는 사람도 가장 가까운 사람들로부터 손가락질을 받는다. 알고 보면 인간처럼 부패한 마음이 없다.

그렇다면 악한 습관들로 가득 찬 인간의 모습을 과연 바꿀 수 있을까? 없다. 이렇게 결론짓고 출발해야 한다. 그렇지 않으면 결코 이 문제를 해결할 수 없다. 세상 사람들은 여전히 가능하다는 해결점을 제시하고 그것에 초점을 맞추고 산다. 그러나 그것은 거짓이다. 인간은 태어날 때부터 죄인이다. 이것은 성경이 말하는 인간의 실체로, 너무나 정확한 지적이다.

그러면 이 문제를 어떻게 해결할 수 있을까? 해결 가능성 있는 방안을 제시하라면 나는 성경 말씀을 해답으로 들겠다. "내가 이르노니 너희는 성령을 따라 행하라. 그리하면 육체의 욕심을 이루지 아니하리라"(갈 5:16).

이미 있는 악한 습관들을 제거할 수는 없다. 그러나 새로운 거룩한 습관을 넓혀나가면 악한 습관들을 잠재우거나 활동하지 못하게 할 수 있다. 이것은 소극적인 방법이 아니라 적극적인 방법이다. 새로운 습관을 가지게 되면 이전의 습관은 점차 힘을 잃게 된다. 성령을 따라 사는 거룩한 생활을 적극적으로 행함으로써 습관으로 길들이면 이전에 가지고 있던 육체의 욕심을 따라 사는 악한 습관들은 점차 힘을 잃게 되고 나를 지배하지 못하게 된다.

나에게 성령의 습관들이 얼마나 있느냐가 나의 악한 욕심의 습관을 이루지 않는 비결이다. 선과 악은 서로 섞일 수 없는 대적의 관계이다. 마음에 선을 많이 받아들이면 악한 것이 점차 자리를 잃게 된다. 악한 것이 나의 삶에 영향력을 발휘하지 못한다.

성경적인 놀라운 비밀을 통해 그동안 가지고 있던 악한 습관들을 무력화시키길 소망한다. 그중 하나가 바로 기도이다. 기도의 습관은 악한 습관을 이기게 하는 비결이다. 나의 삶을 바꾸기 위해서는 이제부터라도 나의 생활에서 기도가 습관화되어야 한다.

기도는 성령을 따라 행하는 대표적인 일이다. 말씀은 하나님의 일이다. 말씀은 인간이 어떻게 할 수 없는 오직 하늘로부터 내려오는 선물이다. 그러나 기도는 인간이 할 수 있는 유일한 길이다. 물론 기도도 나의 힘으로 되는 것이 아니다. 오직 하나님의 도우심으로만 가능하다. 기도는 인간이 하나님께 나아갈 수 있도록 하나님이 주신 통로이다. 그런 의미에서 기도 습관은 다른 어떤 습관보다 중요하다. 인간이 가져야 할 최고의 습관 중 하나이다.

인간은 기도할 수밖에 없는 존재이다. 인간은 기도의 힘으로 살아간다. 기도의 줄이 끊어지면 죽게 된다. 기도는 하나님이 그분과 관계를 맺는 인간에게 주신 특권이다. 물론 아무나 하는 것이 아니다. 그리스도인이 된 사람에게만 주어진 특권이다. "아빠 아버지"라고 부르면서 하나님과 대화할 수 있는 것은 믿음을 가진 사람에게만 주어진 하나님의 선물이다. 우리는 아무나 아버지라고 부르지 않는다. "하늘 아버지"라고 부를 수 있는 사람은 오직 한 분이다. 나를 창조하신 그분만을 아버지라고 부른다.

나의 아버지는 오래전에 하나님의 품에 안기셨다. 나는 초등학교 5학년 때 아버지를 하나님께 보내고 아버지 없이 살았다. 이 땅에 아버지라고 부를 수 있는 아버지가 오랫동안 존재하지 않았다. 그런 이유로 아버지라는 말을 하지 못하고 살았다. 가끔 아무에게나 부를 수 없는 아버지라는 이름이 그리울 때가 있다. 그러나 그 아버지는 이 세상에 존재하지 않는다. 대신 아버지를 부르고 싶을 때마다 하나님 아버지를 부르면서 살아왔다. 하나님을 아버지라고 부르면서 아버지에 대한 애환이 조금씩 해소되었다.

그리스도인은 모두 하나님의 양자이다. 예수님을 영접하는 순간 드디어 하나님을 아버지라고 부를 수 있게 된다. 아버지라고 부르는 그 순간 기도가 시작된다. 세상 사람들도 나름대로 기도하지만, 그들은 "신이여!"라고 부르지 "아버지!"라고 부르지 않는다. 그들이 부르는 신은 말 그대로 일반적인 의미에서 신이다. 인격적인 관계가 아닌 대상과 상관없이 불리는 통칭 대명사이다.

따라서 엄밀히 따지면 그들의 기도는 기도가 아니다. 기도는 아버지라고 부를 수 있는 사람에게만 허락된 것이다. 나를 만드시고, 지금도 나를 보호하고 구원하시는 하나님 아버지를 믿는 사람만이 아버지라고 크게 부를 수 있다. 이 얼마나 감사한 일인가!

모든 것은 기도로부터 시작된다. 무슨 말인가? 하나님을 아버지라고 부르면서부터 모든 것이 시작된다는 의미이다. 기도의 습관은 어떤 습관보다도 우리를 진정한 하나님의 자녀로 만드는 길이다. 아버지는 아무리 불러도 지겹지 않고 부르면 부를수록 행복해지는 말이다. 집을 떠나 오랫동안 탕자처럼 지낸 우리가 마침내 그리스도인이 되었을 때 하나님을 아버지라고 부르는 것은 당연히 어색할 수밖에 없다. 그러나 점차 습관화되면 이제는 하나님 아버지라는 말이 가장 편안한 이름이요 부를수록 힘이 생기는 이름이 된다.

기도의 습관처럼 힘든 것이 없다고 말한다. 사실이다. 이 책의 목적도 어떻게 하면 기도를 습관화하며 생활화할 수 있는지 고민하면서 하나님과 벌어진 간격을 좁히는 데 있다. 좀처럼 습관으로 자리 잡지 못하는 기도가 아침에 눈을 뜨고 숨을 쉬듯이 일상생활에서 행하는 가장 자연스러운 행동이 된다면 그보다 더 행복한 일은 없을 것이다. 이 책을 읽는 시간이 잘못 습관화된 기도를 점검하고, 잃었던 기도의 습관에 불을 지피는 여행이 되기를 기도한다.

/기/도/따/라/잡/기/

주님!

기도가 삶의 습관이 되게 하소서.

체면과 억지가 아닌 자연스러운 삶이 되게 하소서.

마치 아침에 일어나 양치질하고 세수하는 것을

당연한 일로 여기듯이

기도도 일상의 습관이 되게 하소서.

육신의 좋은 습관은 잠시 유익하지만

영적 좋은 습관인 기도는

영원한 유익이 됨을 믿게 하소서.

기도가 곧 습관임을 믿게 하소서.

예수님의 이름으로 기도합니다. 아멘.

기도는 하나님 앞에
서는 것이다

기도는 히브리어로 '테필라'(tefilah)이다. 이 말은 페-라메드-라메드(Pe-Lamed-Lamed)라는 어근과 르히트팔렐(l' hitpalel)이라는 단어에서 유래되었는데, '자신을 판단한다'라는 의미이다. 이 뜻은 기도가 무엇인지를 명확하게 말해준다. 성경에 나오는 유대인의 기도는 어떤 기도이든 - 간구이든, 감사이든, 하나님을 찬양하는 것이든, 혹은 고백이든 - 간에 세상 속에서 우리의 역할과 하나님과의 관계를 바라보면서 우리 자신의 내면을 들여다보는 데 소요되는 순간을 의미한다.

우리는 아침에 일어난 후나 외출할 때, 또는 중요한 사람을 만나기 전에 늘 거울 앞에 선다. 우리 자신의 모습을 살펴보기 위해서다. 얼굴과 헤어스타일, 옷차림 등 온몸 전체를 거울에 비추어본다. 만약 잘못된 것이 있으면 고치고 수정한다. 그런 면에서 거울은 필수적이다. 거울은 속이는 법이 없다. 나의 있는 모습 그대로를 보여준다. 흉하면 흉한 대로, 부족하면 부족한 대로 사실을 진실하게 보여준다. 우리는 거울을 보고 오직 한 가지만 하면 된다. 잘못된 것을 고치는 것이다. 이처럼 우리는 거울 앞에서 우리의 모습을 살펴본다. 그리고 판단한다.

기도란 무엇인가? 기도는 하나님 앞에 서서 우리 자신을 돌아보는 것이다. 하나님 앞에 서서 자신을 판단하고 돌아보는 것이 기도이다. 유대인들은 구약시대 이후 오랫동안 기도를 이렇게 생각하고 드렸다. 그런데 우리는 이런 기도가 생소하다. 우리는 기도를 조금 다르게 이해해온 것이 사실이다. 기도는 곧 구하는 것이고, 찾는 것이고, 두드리는 것이라는 식의 정의에 더 익숙하다. 그래서 기도는 하나님께 나의 구할 것을 열심히 아뢰는 것이라는 생각이 지배적이다. 자신을 돌아보는 기도보다는 내가 구할 것을 소원하는 성취 식의 기도가 습관화되었다. 기도하면 제일 먼저 떠오르는 것이 나의 부족한 것을 아뢰고 구하는 것이라는 생각이 앞서게 된다. 그러다 보니 기도의 방식이 한결같다. 구하는 제목을 놓고 이루어 달라고 간절히 기도하는 것이 전부이다. 어떤가? 혹시 당신의 기도도 이런 기도가 아닌가?

여기에는 관계적이며 인격적인 기도보다는 주문식의 기도에 익숙한 한국의 정황이 한몫했다고 할 수 있다. 대상이 구체적으로 누구인지는 크게 상관하지 않고 정성을 다해 빌고 구하면 이루어진다는 식의 잘못된 기도 습관이 우리의 기도를 지배해왔다. 이런 식의 기도는 말씀 없이도 가능하다. 열심히 아무 신에게나 빌면 되기 때문이다.

물론 기도는 구하는 측면이 포함되지만 그렇다고 해도 기도의 시작이 구하는 것이 되어서는 안 된다. 구하는 것은 인격적인 관계가 잘 형성되었을 때 하는 것이다. 아무에게나 가서 무엇을 달라고 애걸하면 그 사람이 줄 것이라고 생각하면 큰 착각이다. 아무리 가지고 싶은 것이 있고 상대방에게 요구하고 싶은 것이 있어도 처음부터 무엇을 달라고 말하지 않는다. 그 사람과 오랜 교제 기간을 가지고 마지막에 겨우 힘을 내어 구하는 바를 말하는 것이 상식이다. 구하는 것을 얻는 것은 열심이 아닌 관계에서 결정되기 때문이다.

관계가 좋으면 구하지 않아도 이미 상대방이 무엇을 구하는지 다 알아차린다. 나아가 구하지 않은 것까지 준다. 부모는 자녀가 구하기 전에 무엇을 구하는지 다 안다. 자녀는 뱃속에서부터 수십 년 동안 자신을 키워 온 부모에게 무엇을 숨길 수 없다. 부모의 마음은 무조건 나의 몫을 달라는 자녀보다는 자신의 잘못을 깨닫고 바르게 살려고 하는 자녀에게 간다. 기도 훈련이 잘된 사람은 먼저 구하지 않는다. 하나님과의 관계가 우선이다. 지금부터라도 이것에 우선적인 관심을 갖는 기도 훈련이 필요하다.

부모 앞에 서거나 존경하는 사람 앞에 서면 제일 먼저 무엇이 생각나는가? 나의 구하는 것인가? 아니다. 나의 존재의 미약함이다. 나의 부족함이요 연약함이다. 부모를 만나면 한없이 작아지는 자녀가 좋은 모습이다. 존경하는 스승을 만나면 그 앞에 머리를 숙이고 그의 말을 먼저 듣는 것이 순서이다. 이처럼 하나님 앞에 서 있는 자신을 발견할 때 기도가 시작된다. 영이신 하나님을 발견하지 못하면 기도도 없다.

그런 의미에서 종교개혁자인 마틴 루터가 1521년 4월 17일에 독일 보름스에서 신성 로마제국 황제 앞에 서서 자신의 신앙적인 입장을 밝히면서 기도하는 장면은 무척 감동적이다.

"황제 폐하와 여러 높으신 분들이 간단한 답을 요구하시니 번잡한 이유 없이 간단히 말씀드립니다. 저는 성경과 명백한 이성에 의해 납득되지 않는 한 교황이나 종교회의들의 권위를 받아들일 수 없습니다. 왜냐하면 이들은 서로 모순되는 일들이 많기 때문입니다. 저의 양심은 하나님의 말씀에 사로잡혀 있습니다. 따라서 저는 아무것도 철회할 수 없으며, 또 철회하지도 않을 것입니다.

왜냐하면 양심을 거스르는 일은 옳지도 않고 안전하지도 않기 때문입니다. 저는 달리 어떻게 할 도리가 없습니다. 여기에 제가 서 있나이다. 하나님이여! 저를 도우소서. 아멘."

이것은 마틴 루터의 연설문인 동시에 또한 기도이다. 그는 교황 앞에서가 아니라 하나님 앞에서 하나님을 영으로 느끼면서 사람들의 압력에 굴하지 않고 단호하게 자신의 소신을 밝혔다. 목숨이 보장되지 않는 상황에서 모든 것을 하나님께 맡긴 그의 행동이 곧 기도이다. 루터는 자신이 기도한 대로 살았다. 그가 마지막에 드린 "여기에 제가 서 있나이다. 하나님이여! 저를 도우소서. 아멘"의 기도는 그때 상황을 잘 묘사하고 있다. 능력은 언제 나타나는가? 하나님 앞에 서 있다는 것을 느낄 때 놀라운 결단과 능력이 뒤따른다. '코람데오'(Coram Deo, 하나님 앞에서)는 루터뿐 아니라 당시 모든 종교개혁자가 가슴에 품었던 신앙고백이었다. 기도는 사람이 아니라 하나님 앞에 서는 것이다.

얼마나 하나님을 영으로 느끼고, 자신이 그 앞에 서 있다는 생각이 드느냐에 따라 기도의 성패가 결정된다. 하나님 앞에 서면 발가벗겨지듯이 자신의 존재가 훤히 드러나는 경험을 얼마나 자주하고 있는가? 기도 때마다 그것을 체험하는가? 우리는 그 체험 가운데 경외감을 느끼게 되고, 비로소 기도의 문으로 들어가게 되는 것이다.

전능하신 하나님을 경험하고, 그분 앞에 서 있는 자신의 초라함을 발견할 때 우리는 절로 찬양하게 된다. 그분을 경배하게 되며 감사하게 된다. 자신의 약함을 경험하지 않으면 누구도 하나님을 진정으로 찬양할 수 없다. 찬양은 겸손한 자만이 할 수 있다. 자신의 비천한 모습을 발견할 때 하나님을 우러러보면서 찬양하게 된다. 교만한 자는 본질적으로 기도할 수 없다. 하나님의 위엄을 느끼지 못하고, 하나님 앞에 서 있는 자신의 모습을 발견하지 못하는 한, 그는 결코 기도하는 것이 아니다. 그저 자신의 푸념을 내뱉는 것 이상도 이하도 아니다.

누가복음 1장에는 마리아가 우리 주 하나님을 찬양하며 기도하는 모습이 기록되어 있다. "내 영혼이 주를 찬양하며 내 마음이 하나님 내 구주를 기뻐하였음은 그의 여종의 비천함을 돌보셨음이라"(눅 1:46-48). 하나님 앞에서 비천한 자신의 모습을 발견할 때 비로소 하나님을 찬양하는 기도가 나온다. 자신의 가장 비천한 모습을 느끼지 못한다면 아직 하나님의 위대함을 발견하지 못한 것이다. 사람이 어느 때 겸손하게 되는가? 하나님 앞에 서 있는 자신의 모습을 볼 때이다. 기도의 시간이 거울 앞에 서 있는 자신의 모습을 보는 것처럼 하나님 앞에 서 있는 자신의 모습을 보는 시간이 된다면 얼마나 아름다울까!

그동안 하나님 앞에 서 있는 자신의 모습을 보면서 기도하기보다는 내가 구하고자 하는 목적에 이끌려 기도하는 잘못된 습관을 들이지는 않았는가? 만약 그렇다면 하나님보다 나 자신에 관심이 더 많은 것이다. 지금이라도 잘못된 기도에 날카로운 칼을 대고 수술해야 한다. 나의 기도가 맑은 기도가 되지 못한 것은 바로 이 때문이다. 기도를 해도 답답하고 왠지 모르게 앞이 막히는 것 같은 느낌이 드는 것은 영이신 하나님이 보이지 않기 때문이다.

어느 때 하나님이 보이는가? 하나님은 영이시기에 우리의 눈으로 볼 수 없다. 우리의 생각을 초월하시기에 우리의 생각이나 경험이나 이미지로 하나님을 표현할 수 없다. 상징적인 모습으로 나에게 다가오실 수는 있지만 우리는 그것을 구체적으로 그려내는 데 한계가 있다. 그러면 어떻게 하나님을 볼 수 있고 만날 수 있는가? 내가 하나님 앞에 서 있는 것을 무엇으로 느낄 수 있는가?

흔히 기도하다가 하나님을 만났다고 말하는 사람들이 있다. 그러나 그것은 그렇게 쉽게 말할 수 있는 부분이 아니다. 설령 하나님을 경험하고 만났다고 해도 내가 그분을 이야기하기에는 많은 한계가 있다. 어쩌면 내가 하나님을 나의 경험으로 그려내는 순간 하나님은 더 이상 하나님이 아닐지 모른다. 영이신 하나님이기 때문이다. 영을 무엇으로 그릴 수 있는가? 영은 영이요 육은 육이다. 육으로 영을 이해하려고 하면 할수록 더욱 복잡해진다. 성경에는 하나님을 만났던 사람들이 나온다. 그들의 이야기를 들어보면 하나님이 어떻게 생겼다든지 하는 세부적인 사항이 없다. 음성이나 소리에 관해서도 지진이나 불, 기타 어떤 상징으로 그분을 느끼는 것 이상 다른 표현이 없다.

그렇다면 사람이 기도하는 중에 하나님을 만났다는 것을 무엇으로 알 수 있는가? 그 사람이 그리는 그럴듯한 환상의 모습이나 음성이 증거가 될 수 없다. 그것은 늘 위험하고 속기 쉽다. 대부분 자신이 그려낸 모습일 가능성이 높다. 우리 주위에는 이렇게 하나님을 만났다는 사람들이 많다. 그런 사람들로 인해 사람들이 하나님을 잘못 이해하는 경우도 잦다.

내가 어떻게 하나님 앞에 서 있는 나의 모습을 볼 수 있는가? 하나님을 보려고 하기보다는 자신을 볼 때 가능하다. 우리는 기도하면서 자꾸 하나님을 보려고 한다. 그러나 하나님은 우리가 보려고 한다고 해서 보이는 분이 아니다. 설령 꿈에서 예수님의 모습을 보았다고 해도 그것이 진짜 예수님의 모습인지는 의문이다. 왜냐하면 우리는 한 번도 예수님을 본 적이 없기 때문이다. 우리가 흔히 보는 중세 미술가들이 그려놓은 예수님의 초상화가 꿈에 나타난다고 해서 그 존재가 예수님이라고 말할 수 있을까? 그렇지 않다.

하나님 앞에 서 본 경험을 한 성경 속 인물들을 살펴보면 어느 정도 해결점이 보인다. 이사야는 하나님을 만나는 경험을 했다. 하나님의 모습은 보지 못하고 다만 보좌에 앉으신 옷자락을 보았다. 스랍들을 보면서 하나님을 찬양하는 하늘의 영광된 모습을 경험했다. 그리고 문지방의 터가 요동하며 성전에 연기가 가득한 것을 보았다. 그러나 그것만으로 그가 하나님을 만났다고 보기는 어렵다. 이런 현상만으로는 진정한 하나님을 만난 증거로 삼기 어렵다. 우리 가운데도 이런 식으로 하나님을 만난 것을 자랑하는 사람들이 있다.

여기서 중요한 것은 하나님의 모습이 아니라 하나님을 만난 후의 이사야의 모습이다. "화로다. 나여 망하게 되었도다. 나는 입술이 부정한 사람이요 나는 입술이 부정한 백성 중에 거주하면서 만군의 여호와이신 왕을 뵈었음이로다"(사 6:5). 예레미야 역시 하나님을 만난 후에 "슬프도소이다. 주 여호와여 보소서. 나는 아이라. 말할 줄을 알지 못하나이다"(렘 1:6)라고 고백했다. 주님을 만나 그 앞에 섰던 베드로 또한 "주여 나를 떠나소서. 나는 죄인이로소이다"(눅 5:8)라고 말할 수밖에 없었다. 주님을 만난 바울도 "죄인 중에 내가 괴수니라"(딤전 1:15)고 토로했다. 그들의 공통점은 자신의 죄인 됨을 철저히 느꼈다는 점이다. 이것이 진짜 하나님 앞에 서 있는 사람의 모습이다.

내가 하나님 앞에 서 있다는 것을 무엇으로 알 수 있는가? 자신이 죄인임을 고백하고 자신의 존재가 철저히 작아짐을 경험해야 한다. 하나님을 만났다고 하면서 여전히 교만하다면 그 사람은 아직 하나님을 만난 것이 아닐 수 있다. 하나님을 만난 사람은 자신을 철저히 낮출 뿐 아니라 자신을 자랑하지 않는다. 오히려 자신의 강함보다는 약함을 자랑한다. 뜨거운 태양 앞에 서면 땀이 비 오듯 한다. 땀을 흘리는 양을 보면 태양이 얼마나 뜨거운지 알 수 있다. 마찬가지로 우리의 달라진 모습을 보면 진정 하나님을 만났는지 알 수 있다.

기도는 하나님 앞에 서는 것이다. 하나님의 영을 경험하면서 경외감에 떠는 것이다. 하나님을 진정으로 만나는 경험을 한다면 말이 많아지기보다는 오히려 말이 적어질 것이다. 기도는 하나님 앞에서 자신의 부족함을 발견하는 것이고, 하나님의 눈으로 자신을 살펴보는 것이다. 나의 잘못된 것을 판단하는 것이 기도의 첫 번째 단계이다. 이런 경험이 없다면 아직 진정한 기도에 입문하지 못한 것이다.

그런 면에서 실천신학자 자크 엘룰의 말은 매우 의미가 깊다. "기도는 인간적인 수단을 포기해야 한다는 사실을 상기시켜준다. 그것은 무력해지는 나의 능력의 한계, 즉 내가 갈 수 없었던 범위를 넘어서는 어떤 지점이 아니라 모든 것을 결정하고 성취하시는 주님의 손안에 벌거벗은 무방비의 상태로 자신을 맡기기 위해 모든 인간적인 장치를 포기하는 것이다."

엘룰 박사의 말처럼 기도를 평안과 성취를 얻어내는 기술이나 방법으로 이해하는 단계에서 벗어나 하나님 앞에 서는 경건함을 경험하는 차원으로 나아가는 일이 시급하다.

 /기/도/따/라/잡/기/

주님!
하나님의 영을 느끼게 하소서.
말씀을 통해 하나님의 존전 앞에 서게 하소서.
어디서든지 하나님의 존재를 생각하여
하나님의 음성을 경청하게 하소서.

비록 사람 앞에 서 있지만
보이지 않는 하나님 앞에 서 있음을 믿게 하소서.
사람보다 하나님을 기쁘게 하고
하나님 앞에서 자신을 낮추게 하소서.
예수님의 이름으로 기도합니다. 아멘.

기도는 하나님의 임재를
체험하는 것이다

기도는 하나님과 영적인 만남이다. 우리는 왜 기도하는가? 하나님
과 영으로 만나기 위함이다. 하나님을 영으로 만난다는 것은 인격
이신 하나님과 만남을 의미한다. 이방인들도 신을 영으로 이해하
지만 그들의 신은 인격을 가진 신이 아니다. 간절히 구하고 찾고
주문을 외우지만 신과 대화하지 않는다. 말씀하시는 신은 오직 여
호와 하나님 한 분뿐이다. 그런 면에서 그리스도인들의 기도는 대
화이다. 영이신 하나님과 나누는 영적인 대화이다.

기도는 자기 암시나 의식 계발이 아니다. 하나님과 의사소통이다.
기도는 그리스도를 통해 죄를 용서받은 은혜에 근거한 사랑과 믿

음으로 나누는 영적인 대화이다. 반면 원시적인 기도는 두려움과 궁핍을 추구하는 기도이다. 세상 사람들은 기도를 주로 부족한 것을 얻어내기 위한 도구로써 사용한다. 그러나 그리스도인의 기도는 하나님과 친밀한 대화이다.

하나님과 친밀한 대화를 나누기 위해서는 먼저 영이신 하나님의 임재를 느껴야 한다. 기도하는 순간에 하나님의 영이 임재하고, 그분과 대화를 나눈다는 생각이 들어야 한다. 영이신 하나님의 임재를 느끼지 못하면 더 이상 하나님과 대화를 나눌 수 없다. 혼자 중얼거리며 독백처럼 말할 수는 있지만 그것은 성경적인 기도가 아니다. 혼자 일방적으로 구한다고 그것이 곧 기도가 되는 것은 아니다. 얼마나 하나님의 임재를 느끼면서 그분과 대화를 하느냐에 기도의 성패가 달려 있다.

상대방에게 무엇을 얻어내기 위한 목적으로 대화한다면 그것은 진정한 대화가 아니다. 그것은 타협이고 설득이다. 그런 대화는 피곤하고 시간이 가면 갈수록 힘들어진다. 상대방을 이용하는 도구로써 이해한다면 진실한 대화 자체는 어려워진다. 그런 사람과 대화한다면 어떨지 생각해보라. 만약 기도가 우리의 원하는 것을 얻어내기 위한 것이 되면 설득으로 흐르게 된다. 어떻게 해서든지 하나님을 설득해서 우리의 구하는 것을 얻어내려고 하는 것과 같다. 떼를 쓰든지, 아니면 열심을 보이든지 인간의 의로운 행위를 통해 하나님을 설복시키는 기도가 될 수 있다.

항상 우리의 목적을 이루기 위해 하나님의 능력을 필요로 하는 기도를 조심해야 한다. 종종 사람들은 하나님이 자신이 원하는 것을 아주 정확하게 들어주셨음을 자랑하면서 기도의 위력을 말한다. 우리는 그동안 이와 같은 잘못된 기도의 모습을 얼마나 많이 그려왔는가? 하나님은 만홀히 여김을 받지 않으신다. 그분은 우리의 심정을 너무나 정확하게 알고 계신다. 그러므로 두려움을 가지고 주님께 나아가야 한다. 그분은 기도하기 전에 이미 우리의 구하는 목적을 알고 계신다. 두렵지 않은가? 우리의 악한 의도와 욕망적인 목적을 알고 계신 하나님을 느끼지 않는 한 기도의 진전을 이루기 어렵다.

하나님의 영적 임재를 느끼면 무엇을 기도해야 할지 자연스럽게 알게 된다. 내가 안다기보다 하나님이 기도의 제목을 가르쳐주신다고 이해하는 편이 옳다. 나는 나를 알지 못한다. 내가 나를 가장 잘 안다고 하지만 사실은 그렇지 않다. 그렇다면 내가 기도하는 기도 제목 역시 많은 문제를 안고 있을 수 있다. 기도 제목부터 문제가 있다면 그 기도는 매우 위험하다. 열심을 다해 기도할수록 더욱 위험할 수 있다. 물론 내 안에 계신 성령께서 기도하는 중에 잘못을 깨닫게 함으로써 기도의 방향을 바꾸게 하실 수 있다. 이 경우 기도의 응답은 지연되는 게 바로 기도의 응답이다.

거울을 보면 나의 얼굴에 무엇이 묻었는지 알 수 있다. 나의 문제점을 파악하면서 그것을 고치게 된다. 마찬가지로 기도 중에 하나님의 영적인 임재를 느끼면 자연히 나의 허물이 생각나고, 주님의 원하시는 뜻이 무엇인지 분별하게 된다. 구해야 할 기도 제목이 보인다. 기도는 언제나 나의 부족함을 깨닫는 데서 시작된다.

하나님의 임재를 느끼면 죄를 지을 수 없다. 하나님의 임재를 느끼지 못하기에 쉽게 죄를 저지르며 악을 행한다. 하나님이 보고 계심을 느끼면 남을 속일 수 없다. 죄를 이길 수 있는 길은 하나님의 임재를 느끼는 일이다. 사람이 보는 앞에서 도둑질을 할 수 없다. CCTV가 작동하고 있는 것을 안다면 주인이 보지 않더라도 마트에서 물건을 훔칠 수 없다. 사람들은 아무도 보지 않는다고 느끼기 때문에 도둑질을 하는 것이다. 무슨 뜻인가? 하나님의 임재에 관한 인식 여부가 우리의 경건생활을 결정한다는 말이다. 나의 욕구나 행위가 아니라 하나님의 임재에 의한 인식 정도가 기도의 깊이를 좌우한다.

기도는 예수 그리스도와 하나님과 성령의 역사를 통해 일어난다. 성령의 임재하심이 없으면 기도다운 기도를 할 수 없다. 능력 있고 담대한 기도는 전적으로 성령의 능력에 의해서다. 우리가 주님과 하나 되고 활발한 교제와 대화를 하게 하는 역할을 하시는 분이 바로 성령이시다. 성령은 우리에게 무엇을 기도해야 할지 가르쳐주신다. 성령은 하나님이 필요로 하시는 기도의 제목들을 우리 안에 심으신다. 우리는 하나님의 생각을 알 수 없다. 오직 성령만이 아신다. 성령은 말로써 표현할 수 없는 그 이상의 언어를 주신다.

성령은 우리가 기도하면서 확신이 없을 때 확신을 가지고 기도하게 하신다. 우리 스스로는 믿음을 가질 수 없다. 기도하면서도 의심하게 된다. 우리 가운데 담대하게 기도하지 못하는 모습이 얼마나 많은가? 그때마다 성령님의 임재는 우리로 하여금 구할 것을 담대하게 구하게 하고 믿음으로 하나님 앞에 나아가게 만든다.

우리는 기도하는 가운데 강력한 하나님의 영적 임재를 체험하게 된다. 그 이유는 다음과 같다. "우리는 기도하기 전에는 영적 은혜를 경험하지 못한다. 하지만 기도하는 중에 성령의 도우심을 느낀다. 그러면 강한 성령의 은혜를 경험하고 하나님의 임재를 체험할 수 있다. 내가 기도하는 것이 아니라 나의 안에 계신 주님이 기도하게 하시는 것임을 느끼게 된다. 사실 이것은 놀라운 경험이다. 기도할 때 주어지는 하나님의 은혜이다."

그러므로 주저하지 말고 기도에 들어가는 것이 중요하다. 과감하게 기도하라. 성령의 도우심을 바라고 그분을 의지하면서 주님과 교제에 들어가면 이전과 다른 놀라운 경험을 하게 될 것이다. 기도를 통해 성령의 하나 되게 하심을 체험하는 것은 참으로 기쁜 일이다. 주님과 대화하는 놀라운 영적 경험은 해본 사람만이 안다.

누군가와 깊이 있는 대화를 나눠본 적이 있는가? 가끔 대화를 하다 보면 이상한 경험을 하게 된다. 대화하기 전에는 아무 생각도 떠오르지 않았는데 대화 도중에 수많은 생각과 아이디어가 튀어나오는 것이다. 대화 속에 들어가 시간을 보내다 보면 미처 생각지 못한 새로운 생각과 계획들이 떠오른다. 특히 누구와 대화하느냐에 따라 그 결과가 천지차이다. 덕망 있고 존경할 만한 식견을 가진 사람과 대화를 나눌수록 더 많은 것을 배우게 된다. 이것이 대화의 위력이다. 그러기에 대화는 또 다른 대화를 낳는다.

글을 쓸 때마다 느끼는 것이 있다. 글을 쓰기 전에는 무엇을 써야 할지 막막해서 오랫동안 주저주저하며 시간을 보낸다. 어떤 때는 착상이 떠오르지 않아 몇 달을 그냥 지내는 경우도 있다. 그런데 마음을 가다듬고 한 번 글을 쓰기 시작하면 밥 먹는 것도 잊고 며칠을 꼬박 파묻혀 글을 써 내려가는 것을 경험하고 놀랄 때가 있다. 글을 쓸수록 생각이 꼬리에 꼬리를 물고 떠오른다. 생각하지 못한 많은 착상이 떠오를 때마다 깨닫는 진리가 하나 있다. 부족해도 일단 마음을 잡고 시작해야 한다는 것이다. 그러면 신기하게도 어려운 과정이 금세 지나간다. 이것은 모든 일에 적용된다. 아마 "시작이 반이다"라는 말이 이것을 두고 한 말이 아닐까 싶다.

기도도 마찬가지다. 하나님의 충만한 임재를 느끼면서 기도해야 하지만 그것이 잘 안 될 때는 작은 임재라도 느끼면서 기도하고 싶은 마음이 생길 때 바로 기도를 시작하면 된다. 기도가 대화라고 보면 일단 하나님과 대화에 들어가면 내가 대화를 이끌어가는 것이 아니라 하나님이 대화를 이끌어 가심을 알게 된다. 내가 대화를 하려면 어렵다. 어디서부터 무엇을 이야기해야 할지 난감하다. 많은 사람들이 기도를 어렵게 생각하는 것도 바로 이 때문이다.

기도해야겠다는 생각은 많이 하지만 입구를 찾지 못해 갈팡질팡하는 것처럼 막상 기도를 시작하지 못하는 사람들이 많다. 일단 마음을 드려 짧은 시간이라도 내어 기도하는 것이 중요하다. 그러면 기도의 주인이신 하나님이 영으로 나를 이끌어 가시는 상태가 나타날 것이다. 대화를 이끄는 주체가 내가 아니라 하나님이시라는 사실을 알기 전까지는 기도가 어렵다. 그러나 어느 순간 하나님이 대화를 주도하신다는 생각이 드는 순간부터 기도가 쉽게 느껴진다. 마치 기도의 파도를 타는 것과 같다. 나 자신을 파도에 맡긴 채 물의 흐름에 따라 수영을 하면 거센 바다에서도 수영이 어렵지 않다. 오히려 무섭고 거친 파도를 즐길 수 있다.

기도도 이와 같다. 처음에는 어렵게만 느껴지던 기도도 하나님의 영적 임재를 느끼면 그때부터 한결 쉬워진다. 내가 기도하는 것이 아니라 성령의 인도 속에 기도하기 때문이다. 하나님을 영적으로 느끼지 못하면 혼자 있다는 생각이 들기에 기도가 어려울 수밖에 없다. 마치 벽에 대고 이야기하는 것처럼 막막하다. 기도시간을 보내는 것이 지겹고 힘들다. 그러나 주님과 함께한다는 임재의식을 느끼면 기도시간이 즐겁다. 사랑하는 연인과 함께 대화를 나눌 때는 시간이 쏜살같이 지나간다. 시간의 길이가 중요한 것이 아니라 누구와 함께 있느냐가 중요하다. 만약 혼자 있다면 시간이 갈수록 힘들기만 하다.

기도를 통해 하나님이 함께하시며 그분과 대화하는 경험을 한다면 그때부터 기도는 즐거운 시간이 된다. 이것이 습관화되기 전까지는 여전히 어렵다. 그러나 기도를 통해 주님의 임재를 느끼면 그때부터 함께하는 그 시간 자체가 즐겁다. 주님께 내가 원하는 내용을 얼마나 구했느냐보다 주님과 관계 속에서 영적 교제를 가졌다는 것만으로도 만족하게 된다.

기도는 혼자 명상하는 것과 다르다. 기도는 독백이나 자기 치료가 아니다. 기도는 우리 자신에게 말하는 것이 아니다. 분명한 대상이 있다. 우리를 만나주시는 하나님께 우리의 이야기를 하고 함께 반응하는 것이다. 따라서 그리스도인의 기도에는 아주 역동적이며 뜻하지 않은 은혜가 있다. 이전에 없던 담대함이 생긴다. 우리가 대화 중에 감격스러워 환호성을 지르는 경우가 있는 것처럼 기도 속에도 미처 알지 못한 감격과 능력이 존재한다. 이것은 기도하는 사람에게 주어지는 특별한 축복이다.

기도는 기도를 통해 배운다. 기도는 영적인 일이다. 기도하는 중에 하나님의 영을 경험할 수 있다. 하나님의 영적 임재는 기도 중에 오롯이 경험된다. 처음에는 쉽지 않겠지만 점차 기도 속에 들어가게 되면 어느새 하나님의 영 안에 거함을 느끼게 된다. 이것은 기도하는 사람만이 알 수 있는 신비이다.

사랑하는 사람과 대화하다 보면 어느새 대화보다 더 소중한 사랑을 느낀다. 대화를 하면 할수록 말로 표현할 수 없는 따스한 사랑의 감정이 더해진다. 이것은 하나님과 대화하는 기도에도 동일하게 적용된다. 물론 인간적인 사랑이 아니라 하나님이 우리를 사랑하시는 영적인 사랑이다. 사실 기도를 통해 무엇을 얻어내는 것보다 기도하는 과정 속에서 누리는 하나님과 친밀한 영적 관계와 사랑이 더 소중하다. 기도하는 중에 나의 안에 하나님이 계심을 느낀다면 그때가 곧 하나님의 임재를 경험하는 시간이다. 기도하는 데도 우리의 마음이 허전하고 공허한 것은 우리가 원하는 목적을 이루지 못해서가 아니라 주님으로 충만하지 못해서다.

지금이라도 기도를 시작하고 기도 속으로 과감하게 들어가라. 두려워하지 말고 주님 안에 거하라. 그러면 주님이 나에게 다가오시는 것을 느낄 것이다. 이보다 더 좋은 영적 체험은 없다.

/기/도/따/라/잡/기/

주님!
영이신 보이지 않는 하나님을 본다는 것이
얼마나 어려운지 저는 압니다.
제가 하나님을 보고 싶어도
하나님이 나에게 나타나지 않으면
저는 볼 수 없습니다.

주님!
저로 하여금 언제 어디서나
주님이 함께하심을 느끼게 하소서.
힘들 때도 주님을 느끼지만
평안할 때도 주님을 느끼게 하소서.
어디서나 존재하시는 하나님을 볼 수 있는
마음의 청결함을 주소서.
예수님의 이름으로 기도합니다. 아멘.

기도는 말씀을
이루는 것이다

유대인들은 기도할 때 큰 보자기 모양의 숄을 머리에서 어깨까지 두른다. 그런데 가만히 살펴보면 보자기 아래 끝부분에 술이 달려 있는 것을 볼 수 있다. 이 술을 히브리어로 '찌찌트'라고 하며, 찌찌트가 달린 보자기 모양의 숄을 '탈릿'이라고 한다.

몇 해 전에 이스라엘을 방문한 적이 있다. 그 기간 중에 정통파 유대교인들이 사는 한 마을에 들렀다. 그곳 사람들은 검은색의 긴 옷을 입고 모자를 쓰고 다녔다. 회당에서 예배할 때도 모두 머리에 탈릿을 쓰고 기도하는 특이한 모습을 볼 수 있었다.

유대인들은 민수기 15장 35~41절에 근거하여 탈릿(기도보)에 반드시 찌찌트(술)를 단다. 찌찌트가 달리지 않은 탈릿은 그냥 보자 기일 뿐 탈릿으로 인정되지 않는다. 탈릿이 탈릿으로서 구실을 제 대로 하려면 반드시 찌찌트가 달려 있어야 한다. 찌찌트는 유대교 계명의 총합인 613을 상징한다. 유대교는 기도할 때 반드시 찌찌 트가 달린 탈릿을 두르도록 규정하고 있다. 그들은 한 손으로 탈 릿에 달린 찌찌트를 붙잡고 기도한다. 기도할 때는 말씀을 붙잡고 해야 한다는 그들의 신념에서 비롯된 오랜 기도 습관이다. 그냥 중얼거리면서 기도하는 우리의 기도와는 사뭇 다르다. 유대인들 에게 말씀 없는 기도는 불가능하다. 기도는 언제나 말씀과 관계가 있기 때문이다.

유대인들에게 말씀과 기도는 분리된 것이 아니라 온전한 하나 이다. 말씀 없는 기도는 없고, 기도 없는 말씀도 없다. 이것은 성 경이 말하는 것과도 일치한다. 기도가 무엇인가? 기도는 말씀을 이루는 것이다. 왜 기도하는가? 하나님의 뜻을 이루기 위해서다.

이와 관련하여 민수기서 15장 35~41절에는 이렇게 기록되어 있다.

"여호와께서 모세에게 이르시되 그 사람을 반드시 죽일지니 온 회중이 진영 밖에서 돌로 그를 칠지니라. 온 회중이 곧 그를 진영 밖으로 끌어내고 돌로 그를 쳐죽여서 여호와께서 모세에게 명령 하신 대로 하니라. 여호와께서 모세에게 말씀하여 이르시되 이스라엘 자손에게 명령하여 대대로 그들의 옷단 귀에 술을 만들고 청색 끈을 그 귀의 술에 더하라. 이 술은 너희가 보고 여호와의 모든 계명을 기억하여 준행하고 너희를 방종하게 하는 자신의 마음과 눈의 욕심을 따라 음행하지 않게 하기 위함이라. 그리하여 너희가 내 모든 계명을 기억하고 행하면 너희의 하나님 앞에 거룩하리라. 나는 여호와 너희 하나님이라. 나는 너희의 하나님이 되려고 너희를 애굽 땅에서 인도해 내었느니라. 나는 여호와 너희의 하나님이니라."

유대인들은 이 말씀에 대한 순종으로 찌찌트를 단다. 그리고 이 찌찌트를 붙잡고 기도한다. 그것을 옷에 부착하여 모든 일상생활이 말씀을 행하기 위함임을 강조한다. 유대인들은 위의 말씀에 근거해서 세 가지 목적에서 찌찌트를 탈릿이나 상의 하단에 부착한다. 첫째, 하나님의 계명을 기억하기 위함이다. 둘째, 하나님의 계명을 행하기 위함이다. 셋째, 거룩하게 살기 위함이다.

예수님은 기도를 하나님의 뜻을 이루기 위한 것으로 생각하셨다. 겟세마네 동산에서 드려진 예수님의 기도는 우리에게 기도의 정신을 잘 말해준다. 예수님은 하나님의 뜻을 구하고 그 뜻에 순종하기 위해 피땀 흘려 기도하셨다. "나의 원대로 마시옵고 아버지의 원대로 하옵소서"(마 26:39). 우리가 기도하는 이유는 나의 욕망을 이루기 위함이 아니라 하나님의 뜻을 이루기 위함이다. 모든 기도는 여기에 초점이 있다. 이런 기도 습관이 몸에 배어야 한다.

어떤 사람이 갑자기 암에 걸린 사실을 알게 되었다. 그는 하나님께 간절히 기도했다. "하나님의 뜻을 이루는 삶을 살겠습니다. 고쳐주시면 하나님의 마음에 합한 인생이 되겠습니다." 그러나 간절한 기도에도 불구하고 그는 얼마 살지 못하고 죽음을 맞이했다. 이 상황에서 하나님의 뜻은 그가 죽는 것일까, 사는 것일까? 그런데 죽었다. 간절히 기도했음에도 그가 죽었다면 죽는 것이 하나님의 뜻으로 보아야 한다. 인간으로서는 그 이유를 알 수 없다. 시간이 지나가면 조금이나마 알게 될 뿐이다. 아니면 영원히 하나님만이 아실 수도 있다. 우리는 하나님이 그의 죽음으로 무슨 일을 이루시려는지 알 수 없다. 분명한 것은 어떤 일도 우연은 없다는 사실이다. 결과는 하나님의 뜻과 연관되어 있다. 그를 통해 주변의 사람들이 구원을 받을 수도 있다. 구원받은 한 사람을 통해 위대한 일이 일어날 수도 있다.

중요한 것은 우리가 하는 모든 기도가 하나님의 뜻을 이루는 것과 연관되어 있다는 사실이다. 예수님은 이 세상에 오셔서 오직 한 가지 일을 하셨다. 자신의 뜻이 아닌 하나님의 뜻을 이루기 위해 일생을 바치셨다. 그분의 모든 사역은 말씀을 응하게 하는 것과 관계가 있었다. 그러므로 예수님의 기도 역시 오직 하나, 하나님의 뜻을 이루기 위한 기도였다. 하늘의 뜻이 땅에 이루어지기를 구하는 주기도문은 오늘 우리의 기도 속에 포함시켜야 할 참된 기도 습관이다. 이처럼 우리도 기도할 때마다 하나님의 말씀을 성취하는 기도를 해야 한다. 이 기도야말로 최고의 기도이다.

우리에게는 하루빨리 고쳐야 할 나쁜 기도 습관이 한 가지 있다. 그것은 내가 필요할 때만 기도하는 것이다. 실제로 대부분의 사람들은 내가 필요할 때만 기도한다. 왜 그럴까? 기도가 나로부터 출발하기 때문이다. 나를 위한 기도가 되면 항상 기도하기 어렵다. 자연히 상황에 따라 기도하게 된다. 무슨 큰일이 생기면 그제야 작정하고 기도한다. 금식하고 목표를 정해 기도에 힘쓴다. 우리는 중요한 시험이 있다든지, 취직이나 결혼을 앞두고, 또는 갑작스럽게 병이 들거나 사고가 난 경우에 집중적으로 매달려 기도한다. 모두 우리의 필요에 따른 기도이다. 물론 연약한 인간으로서 하나님의 도우심을 구하는 것은 이상한 일이 아니다. 그러나 우리의 기도는 이런 왜곡된 형태를 벗어나 항상 기도하는 습관으로 나아가야 한다. 결코 쉽지 않지만 말이다.

이런 기도를 위해서는 우리 자신에게서 벗어나 하나님의 뜻과 연관시켜야 한다. 하나님의 말씀을 이루는 기도로 전환하면 항상 기도하게 된다. 어느 것 하나도 하나님의 뜻에서 벗어나는 기도가 없다. 하루를 시작하는 것이나 마치는 것, 일터에서 일하는 것이나 사람을 만나는 것도 모두 하나님의 뜻을 이루는 것과 관련 있다. 기쁠 때나 슬플 때, 성공할 때나 실패할 때, 살아 있을 때나 죽을 때 모두가 하나님의 뜻과 관련 있다면 우리는 언제나 기도해야 할 것이다. 살고 죽는 것이 중요한 게 아니라 하나님의 말씀을 이루는 것이 더 우선이기 때문이다.

하나님의 뜻과 관계없이 기도할 경우 성공하고 잘되는 것만을 기도의 목표로 삼게 된다. 십자가를 지는 것이 하나님의 뜻이라면 어떻게 하면 십자가를 잘 감당하며 죽을 수 있을까 하는 것이 기도 제목이 된다. 죽는 순간까지도 원수를 미워하지 않고 불쌍히 여기며, 한편의 강도에게 복음을 전하신 주님의 모습처럼 되게 해달라고 기도하게 된다.

생각해보라. 우리가 그토록 열심히 기도하는 제목들 가운데 세상적인 것은 때가 되면 모두 허무하게 사라진다. 그렇게 공들여 평생 동안 기도한 사업장이 한순간에 부도나서 무너지게 된다면 그때 심정이 어떠할까? 세상의 물질이나 욕망을 이루기 위한 기도는 바람처럼 순식간에 사라진다.

그렇다면 우리는 어디에 기도를 투자해야 할까? 하나님의 나라와 뜻을 이루는 일이다. 하나님의 말씀이 이 땅에 이루어지는 것을 목표로 삼고 기도하면 비록 물질을 구해도 영원한 약속이 된다. 지금부터라도 기도를 하나님의 말씀과 연결시켜보라. 그러면 우리의 기도는 영원한 기도가 될 것이다. 하나님의 말씀이 성취되는 것과 관계를 맺고 그것을 이루기 위한 기도가 되면 영원히 살아 있는 기도가 될 것이다. 그런 사람은 당연히 항상 기도하게 된다. 어떤 상황에서도 하나님께 감사의 기도를 드리게 된다.

그런 의미에서 초신자 때부터 말씀을 붙잡고, 말씀을 이루는 기도를 습관으로 터득한다면 얼마나 좋을까? 안타깝게도 우리에게는 말씀을 이루는 기도보다는 자기의 의와 목적을 이루는 기도에 익숙하다. 목적을 놓고 그것을 이루기 위한 기도대회나 기도회를 여는 것을 보면 잘 알 수 있다. '수능을 위한 기도회' '성전 건축과 교인 ○○○○명 돌파를 위한 기도회' '한 해 동안 축복을 받기 위한 신년기도회' 등도 대표적인 예이다. 겉으로는 말씀을 주제 성구로 걸지만 실제로는 인간의 요구사항이 더 중요한 관심사인 경우가 많다. 물론 그것이 하나님의 뜻을 이루는 것과 관계가 있을 수도 있지만 성경은 그런 기도회를 권장하지 않는다. 성경에서는 인간의 성취 목표를 이루기 위한 기도회를 찾아볼 수 없다. 하나님의 약속을 어긴 것에 관한 회개와 약속을 기다리면서 말씀을 간절히 바라는 기도회만이 기록되어 있다. 미스바의 금식기도회나 성령을 기다린 오순절 기도모임 등은 모두 말씀과 관련된 기도회였다.

무엇이 하나님의 뜻이며, 어떻게 하는 것이 하나님의 말씀을 이루는 것인지를 살피는 기도회가 많아지면 좋겠다. 더 이상 기도가 인간의 목적을 이루는 도구로 전락되어서는 안 된다. 한국교회에 이런 기도회가 유난히 많은 것은 기도의 본질을 훼손하는 악영향을 줄 수 있다. 하나님이 사람들에게 초라한 모습으로 비추어질 수 있다.

말씀을 깊이 묵상하고, 성경을 읽으면서 성령의 민감한 음성을 받고, 그 뜻이 이루어지기를 간절히 바라는 기도가 하나님의 마음에 합한 기도이다. 반면 말씀 없는 기도는 자칫 인간의 이기적인 욕망을 이루는 변질된 기도가 될 수 있다. 내가 기도 제목을 찾기보다는 말씀을 통해 기도 제목이 자연스럽게 정해지고, 그 말씀을 붙잡고 기도할 수 있다면 얼마나 좋을까? 기도의 출발은 나에게서 시작되기보다는 하나님에게서 시작되는 변화가 일어나야 한다. 이것이 우리의 습관으로 자리 잡는다면 상상할 수 없는 놀라운 기도의 위력을 체험하게 될 것이다. 전적으로 하나님의 섭리가 임하게 될 것이다.

기억하라. 말씀 없는 기도는 미신이다. 말씀을 이루는 것과 상관없는 기도는 타락한 기도이다. 말씀이 없으면 그 자리에 내가 들어선다. 그런 이유로 사람들은 하나님의 말씀을 중심에 두기를 싫어한다. 일종의 자리다툼이다. 하나님이 우리에게 기도를 명하신 이유는 나 자신을 세우기 위함이 아니라 주님이 우리 마음의 중심에 자리를 잡기 위함이다.

/기/도/따/라/잡/기/

주님!
나를 변화시키는 것은 오직 말씀임을 믿습니다.
날마다 말씀 안에서 살게 하소서.
말씀을 통하여 주님의 음성을 듣게 하시고
그것에 응답하는 기도가 되게 하소서.

먼저 내가 필요한 것을 구하는 기도가 아닌
말씀을 통해 필요한 것을 발견하게 하소서.
나의 목적과 생각을 구하는 기도가 아닌
하나님의 목적과 뜻을 구하게 하소서.
기도를 통하여 말씀과 일치하게 하소서.
예수님의 이름으로 기도합니다. 아멘.

기도는 나를
변화시킨다

우리의 기도 방향은 하나님이다. 그러나 하나님은 언제나 나 자신에게 향하신다. 무슨 의미일까? 우리는 하나님의 영광을 위해 기도하지만 기도를 들으시는 하나님은 기도하는 우리를 변화시켜 하나님의 영광을 이루고 싶어 하신다는 뜻이다. 우리가 아무리 열심히 오랫동안 기도한들 하나님의 뜻을 바꿀 순 없다. 기도의 핵심은 하나님의 뜻을 바꾸는 것이 아니라 하나님의 뜻을 이루기 위해 나 자신을 바꾸는 데 있다.

다음은 미국 해군연구소 잡지에 실렸던 프랭크 코크의 글이다.

거대한 전함이 폭우 속에서 해상기동 훈련에 참가하고 있었다. 야간인 데다가 안개까지 잔뜩 끼어 시야는 최악의 상황이었다. 그 때 갑자기 경비병이 달려와 함장에게 보고했다.

"함장님! 지금 우리 전함이 전방에 있는 불빛을 향해 돌진하고 있습니다."

함장은 즉시 불빛을 보내고 있는 대상을 향해 지금 충돌 코스에 들어왔으니 즉시 항로를 20도 방향으로 바꾸라는 메시지를 보냈다. 몇 분 뒤, 저쪽에서 응답이 왔다.

"당신들이 항로를 20도 방향으로 바꾸시오!"

함장은 매우 화가 나서 소리쳤다.

"우리는 전투함이다. 당장 항로를 20도 방향으로 바꿀 것을 명령한다."

다시 응답이 왔다.

"당신들이 방향을 바꿀 것을 강력히 경고한다. 여기는 등대이다!"

우리에게는 위의 이야기와 같은 식의 기도가 많다. 만약 기도가 기도하는 사람 자신의 변화보다 다른 사람이나 하나님의 변화를 구하는 기도라면 그 출발점부터 틀린 것이다.

기도의 대상은 하나님이다. 그 하나님은 누구이신가? 인간의 힘으로는 움직일 수 없는 분이다. 나는 수시로 변하지만 하나님은 영원토록 변하지 않으신다. 그렇다면 하나님께 무엇을 요구할 때 잊어서는 안 되는 원칙이 있다. 어떤 기도든지 하나님의 뜻에 따라 응답되지 나의 요구에 의해 응답되는 것이 아니라는 점이다. 설령 내가 기도한 대로 이루어졌다고 해도 그것은 나의 뜻대로 된 것이 아니라 하나님의 뜻대로 된 것이라고 생각해야 한다. 나의 방향이 아니라 하나님의 방향이 더 중요하다.

그러나 우리는 기도를 잘못 대할 때가 잦다. 예를 들어 상대방의 마음을 바꾸게 해달라는 기도를 한다든지, 아니면 내가 원하는 것을 이루는 효과적인 도구로 사용한다. 기도는 결코 상대방을 바꾸거나 환경을 변화시키거나 더 나아가 하나님의 뜻을 바꾸는 데 사용하라고 주신 것이 아니다. 기도의 일차적인 목적은 나 자신이다. 때때로 주위의 환경이 변하고, 기적이 일어나는 것은 궁극적으로 나 자신을 변화시키기 위한 것이다. 그런 기적을 보고도 내가 변하지 않는다면 그 기적은 더 이상 나에게 아무런 의미가 없다. 중요한 것은 나 자신이다.

왜 기도하는가? 나 자신의 변화를 위해서다. 자신의 변화가 기도의 가장 큰 목적이다. 그것이 하나님께서 원하시는 뜻이다. 이런 관점에서 바라보면 우리에게 기도의 응답을 주시지 않는 것도 쉽게 이해된다. 기도의 응답은 언제나 나 자신의 변화와 직접적인 관계가 있다. "하나님을 가까이하라. 그리하면 너희를 가까이하시리라"(약 4:8). "주 앞에서 낮추라. 그리하면 주께서 너희를 높이시리라"(약 4:10).

기도의 응답은 전적으로 나에게 달려 있다. 하나님이 나에게 다가오시는 것은 나의 태도에 달려 있다. 나의 변화가 응답에 결정적인 영향을 준다. 하나님은 내가 겸손해질 때까지 응답을 보류하신다. 하나님의 목적은 나를 높이 세우는 게 아니라 하나님 앞에서 겸손한 사람으로 만드시는 것이다. 이것이 뒤바뀌면 안 된다.

그러므로 기도하는 사람은 자신을 돌아보는 것이 최우선이다. 기도로 자신을 깊이 통찰하고, 여러 환경을 통해 자신을 겸손하게 만드는 과정으로 생각하면 상황에 흔들리지 않는다. 사실 기도는 겸손한 자만이 할 수 있다. 교만한 사람은 기도하지 않는다. 자기 힘으로 할 수 있다고 믿는 사람은 결코 하나님 앞에 자신을 낮추는 법이 없다. 그러다가 어느 날, 자신의 무력함을 발견하고서야 하나님 앞에 나아와 기도하는 사람으로 변화된다. 그러기에 기도하는 사람의 모습은 보면 볼수록 아름답다.

반대로 기도하지 않는 사람의 목은 굳었고, 얼굴에는 힘이 들어가 있으며, 자세 또한 오만하다. 만약 기도를 함에도 얼굴이 굳었고, 자만심에 가득 차 있다면 그 사람은 지금 자신이 기도를 잘못하고 있다는 증거를 스스로 드러내는 셈이다.

한때 문학비평가와 지성인으로 알려진 이어령 박사는 저항과 분노의 실존주의자였다. 심지어 그는 "노아가 진짜 사랑이 있었다면 물에 뛰어들었을 것이다. 다시는 하나님을 위해 양을 잡아주지 말자"라고 했다. 그랬던 한국의 석학이자 지성의 대표자로 알려진 이어령 전 문화부장관이 2007년 일본 도쿄에서 세례를 받고 기독교인이 되었다는 소식을 들었다. 갑상선 암을 앓던 딸과 자폐증으로 고생하던 손자가 신앙의 힘으로 치료받는 모습을 보면서 마음이 점차 열리기 시작했다고 한다. 그는 다음과 같이 말했다.

"딸과 손자의 치유라는 기적 때문에 기독교인이 된 것은 아니다. 기적은 구제의 상징이지 그것이 목적은 아니다. 몇 년 전부터 지상의 언어에서 한계에 부딪혔다. 그런 가운데 딸의 고통을 통해 나의 해체가 왔다. 나의 지식과 힘이 딸을 구하지 못했다. 그래서 딸에게 '네가 주 안에서 새 생명을 얻었다면 나도 나의 무력이 증명된 것 아니냐?'라고 했다.

사실 나는 50년 전 이미 절대자를 찾아 외쳤지만 기다려도 오지 않는 구원에 분노했다. 인간의 한계와 허무를 느끼면서도 창조와 부활을 안 믿었다. 그래서 헛됨을 더욱 헛됨으로 드러내는 문학에 매달렸다. 인간이 만든 언어의 세계에서는 점 하나만 찍으면 '님'이 '남'이 된다. 그러나 실제로 님이 남 되는 것은 얼마나 큰 고통을 동반하는 일인가! 점 하나를 가지고 창조를 하려고 문학을 택

했지만 50년 만에 그것이 얼마나 의미 없는 일인지를 알게 되었다. 그러다 3년 전, 공부하러 홀로 교토에 갔는데 밤이면 텅 빈 나의 방이 마치 사원처럼 느껴졌다. 절대 고독 속에 멈추어 있을 때 평생 처음으로 바깥에서 오는 힘이라는 것을 느꼈다. 소울(soul)과 마인드(mind)는 나의 안에 있는데 스피릿추얼(spiritual)한 것은 바깥에서 왔다"(이어령 박사의 장녀 이민아 목사는 2012년 3월 15일 위암투병 끝에 하나님의 부르심을 받았다 - 편집자 주).

무력한 자신을 발견할 때 사람들은 마침내 하나님을 찾기 시작한다. 하나님 앞에 엎드려 기도하는 사람이 된다. 그리고 기도하면서 점점 더 새로운 사람으로 변화된다. 나는 주위에서 이런 사람들을 많이 만났다. 그토록 철저히 하나님을 거부하면서 자기의 지식과 힘으로 살았던 사람들이 한순간에 무력하게 무너지면서 하나님을 붙잡는 모습을 보며 그런 고통을 겪지 않았음에도 하나님을 만난 것을 큰 축복이라고 느꼈다.

기도하면서 자신의 변화를 꿈꾸며 미래를 그려보는 것도 좋은 방법이다. 기도를 통해 욕망과 소원을 이루려고 하기보다는 자신의 인격과 삶의 변화를 그려보는 것이 더 현명하다. 그럴수록 더욱 빨리 기도의 문으로 들어가게 된다. 기도는 하나님을 만나는 시간이다. 하나님을 만나는 시간을 많이 가지면 가질수록 우리의 모습은 하나님의 형상을 닮아갈 것이다. 사람의 얼굴은 누구를 만나느냐에 따라 달라진다. 좋은 사람과 만나면 나도 모르게 좋은 사람으로 변화된다. 반면 나쁜 친구들과 어울리면 나도 모르게 말이 거칠어지고 생각이 부정적이 되며 파괴적인 모습으로 바뀐다. 누구를 만나느냐가 나의 삶을 결정한다. 아직 나의 삶에 변화가 일어나지 않은 것은 나를 감동시킬 만한 존재를 만나지 못했기 때문이다.

사실 기도는 인생에서 최고로 멋있는 분을 만나는 시간이다. 그분과 대화하며 긴 시간을 가지다 보면 나도 모르게 얼굴과 마음과 생각이 달라지고 삶 또한 놀랍게 변화된다. 주님과 만나는 기도시간은 나를 변화시키는 최고의 시간이다. 그런 시간을 가진다는 것 자체만으로도 나는 충분히 행복하다. 오늘도 설레는 마음으로 주님을 기다려보자. 그분과 인격적인 대화를 나누면서 점차 달라지는 나의 모습을 상상해본다면 기도시간이 훨씬 즐거운 시간이 될 것이다.

나 자신이 먼저 변화되는 것처럼 유쾌한 일은 없다. 아무리 세상 것을 다 가져도 나 자신이 변화되지 않으면 소용없다. 기도에서 가장 큰 수확은 바로 나 자신의 변화이다. 오늘도 변화를 꿈꾸며 기도하자. 수많은 기도의 제목 속에 나도 모르게 변화되는 그 변화를 첫 번째 기도 응답으로 삼으면 어떨까?

많은 사람들이 사역을 이루기 위해 기도하지만 정작 자기 자신

의 변화를 이루기 위해서는 기도하지 않는다. 왜 그럴까? 기도에
관한 오해 때문이다. 하나님은 많은 일을 하는 것보다 나 자신에
더 관심이 있으시다. 일보다 사람이 먼저이다. 그러나 실제로는
기도가 사람보다 일을 위해 더 많이 사용된다. 성공적인 사역과
명성에 현혹되거나 자신의 인격의 변화는 멀리하고 외적인 성취
욕에 사로잡힌 사람들에게 이끌리는 것은 매우 위험하다.

　세상이 세속화될수록 기도가 잘못된 방향으로 이용되기 쉽다.
오늘날 교회도 실용주의 신앙이 점차 위세를 떨치면서 효과중심
으로 가고 있다. 심지어 기도조차도 인격적인 특징을 무시한 채
실용주의 효과를 내는 마술과 같은 물질적인 것으로 사용되고 있
다. 그리스도인의 임무는 이것을 항상 경계하고 교회 안에 자리
잡지 못하게 하는 것이다.

　사도 바울은 고린도교회 성도들을 향한 서신에서 다음과 같이
고백했다. "내가 내 몸을 쳐 복종하게 함은 내가 남에게 전파한 후
에 자신이 도리어 버림을 당할까 두려워함이로다"(고전 9:27). "그
런즉 사랑하는 자들아 이 약속을 가진 우리는 하나님을 두려워하
는 가운데서 거룩함을 온전히 이루어 육과 영의 온갖 더러운 것에
서 자신을 깨끗하게 하자"(고후 7:1).

　여기서 '자신'이라는 말에 유의하자. 바울은 열심히 사역한 후
에 정작 중요한 자신이 피폐해져 하나님께 버림을 당하고 자신의

경건이 무너질 수 있음을 경고하고 있다. 우리는 나 자신을 보호하고 나 자신을 온전하게 하기 위해 꾸준히 기도해야 한다. 특히 많은 사역을 준비하고 성취하는 일에 바쁜 사람에게 자신을 위한 기도가 더 시급히 요청된다. 높은 지위에 오를수록, 명망이 높아질수록, 세상에서 성공적인 사람으로 칭찬받으면 받을수록 자신의 변화를 위한 기도가 더욱 필요하다.

/기/도/따/라/잡/기/

주님!
가장 변하기 어려운 존재가 나 자신임을 알게 하소서.
다른 사람을 변화시키기 전에
먼저 나 자신을 변화하게 하소서.
말씀 앞에 서면서 나의 달라짐을 경험하게 하소서.
예수님을 믿은 후에도 여전히
주위에 나타나는 여러 가지 힘든 사건들은
나를 죽이는 가장 좋은 도구임을 알게 하소서.

아직도 평안하지 못하고 기쁨이 없는 것은
내 안에 인간적인 주인이 자리 잡고 있기 때문입니다.
하루빨리 주님으로 왕의 교체가 이루어지게 하소서.
나를 죽이고 낮아지는 것이
곧 주님을 높이는 일임을 깨닫게 하소서.
예수님의 이름으로 기도합니다. 아멘.

올바른 기도 생각은 삶을 형통하게 만든다

＊　＊　＊　＊　＊

.

"생각이 습관을 낳고, 습관은 행동을 낳는다." 즉 잘못된 습관은 잘못된 생각에서 비롯된 것이다. 우리의 기도생활이 힘든 것은 어쩌면 기도에 관한 잘못된 생각 때문일 수도 있다. 실제로 기도를 쉬거나 기도의 출입문에 좀처럼 들어가지 못하는 이유는 기도에 관한 잘못된 생각 때문이다.

기도가 어렵게 느껴지고 생활화되지 못하는 것도 기도에 관한 바른 생각이 정립되지 않았기 때문이다. 그런 의미에서 이미 잘 알고 있는 것이지만 다시 한 번 기도에 관해 성경적으로 검토하면서 기도 속으로 들어가는 것은 꼭 필요한 일이다. 사실 우리는 그동안 기도에 관한 하나님의 생각을 살펴보기보다는 오랫동안 습관화된 비성경적인 기도 방법에 익숙해져 있었다. 이제부터라도 잘못된 기도 방법들을 고쳐야 한다. 그러기 위해서는 먼저 기도에 관한 바른 생각을 가져야 한다.

무조건 기도하기보다는 우리의 잘못된 기도 습관이나 생각들을 점검하면서 바르게 수정하는 일이 필요하다. 다시 한 번 기도에 관한 생각을 정리하면서 기도의 의미를 되새겨보자. 우리 안에 잘못된 기도의 습관은 없는지 살펴보면서….

"하나님께 우리를 축복하시도록 기도한 후
아무 일도 하지 않는 것은 무가치한 기도이다.
하나님께 우리가 감사할 수 있도록 기도하고
아무 일도 하지 않는 것은 무가치한 감사이다.
우리의 행위는 말을 가지고 있고
하나님을 향한 목소리를 가지고 있다.
그것은 말하며, 그것은 기도한다.
우리의 일 가운데는 일종의 기도가 있고 감사가 있다."
– 리처스 십스

오직 하나님께 집중하여 기도하라

기도할 때 가장 어려운 것이 바로 집중이다. 어떤 일이든지 집중은 매우 중요하다. 공부할 때도 집중력이 관건이다. 집중이 안 되면 아무것도 이룰 수 없다. 양궁 선수가 화살을 쏠 때도 엄청난 집중력이 요구된다. 기도할 때도 마찬가지다. 어떻게 하면 하나님께만 집중하면서 기도할 수 있느냐가 기도의 성패를 좌우한다. 주위의 산만한 장애물을 극복하고 오직 한 대상에만 집중하는 것은 말처럼 쉬운 일이 아니다.

유대인들은 이미 오래전에 기도할 때 주위의 방해를 받지 않는 방법을 계발했다. 바로 탈릿을 쓰고 기도하는 방법이다. 유대교는 기도할 때 반드시 탈릿을 두르도록 규정하고 있다. 우리로 치면 일종의 기도보이다. 예루살렘을 방문했을 때 유대인들의 기도하는 모습을 본 적이 있는데, 그들은 지금도 여전히 탈릿을 쓰고 기도한다.

탈릿의 크기는 보통 가로 1.5미터, 세로 0.6미터 정도이다. 몸을 충분히 감쌀 수 있을 정도의 크기는 되어야 한다는 것이 기본적인 원칙이다. 실제로 기도자는 기도할 때 자신의 몸을 탈릿으로 감쌈으로써 기도에 더 집중할 수 있다. 탈릿은 기도자를 외부와 차단시켜주는 역할을 한다. 기도자는 탈릿을 사용함으로써 하나님께 보다 쉽게 집중할 수 있다. 자신의 몸을 탈릿으로 감쌈으로써 기도에 더 집중할 수 있기 때문이다. 유대인은 기도하기 전에 먼저 탈릿을 머리부터 어깨까지 두른다. 우리에게서는 찾아볼 수 없는 특이한 모습이다.

이때 중요한 것은 기도자가 탈릿으로 완전히 감싸여 외부로부터 차단되며 보호받는다는 느낌을 가져야 한다는 것이다. 그렇다면 그들은 왜 기도할 때 번거롭게 탈릿을 쓰는가? 온전히 하나님께만 향해 전심으로 기도하고자 하는 유대인들의 소원 때문이다. 그들은 탈릿을 두르기 전에 먼저 시편 104편 1~2절을 음송하며 그 의미를 묵상한다. "내 영혼아 여호와를 송축하라. 여호와 나의 하나님이여 주는 심히 위대하시며 존귀와 권위로 옷 입으셨나이다. 주께서 옷을 입음같이 빛을 입으시며 하늘을 휘장같이 치시며." 이때 기도자는 자신의 온몸이 계명으로 보호받는 순간을 기대하게 된다. 하나님의 말씀으로 온전하게 보호를 받아 하나님께만 집중해 기도하려는 유대인의 기도 습관은 오늘날 우리에게 많은 도전을 준다.

지금도 예루살렘 통곡의 벽에 가면 탈릿을 머리부터 어깨 위로 늘어뜨리고 몸을 앞뒤로 흔들며 기도하는 유대인들의 모습을 흔히 볼 수 있다. 몸을 앞뒤로 흔드는 이유는 온몸으로 하나님께 말하기 위함이다. 종종 누가 와서 소리를 질러도 모를 정도로 기도에 몰입되어 있는 것을 볼 수 있는데, 이것은 탈릿을 씀으로써 외부의 세계와 차단된 채 오직 하나님만 바라보며 집중할 수 있는 효과 때문이다.

우리도 기도할 때 다양한 방법을 사용한다. 유대인처럼 기도보같은 것을 사용하지는 않지만 기도에 집중하기 위해 사람마다 특성에 따라 기도의 방법이 있다. 예를 들면 조명을 끄고 앞에 십자가 불빛만 보이게 한다든지, 소리 내어 기도한다든지, 골방에 들어가 조용하게 기도한다든지 하는 방법이다. 모두가 기도에 집중하기 위한 방법들이다. 정형화된 것은 없다. 단지 얼마나 하나님께 집중하여 기도할 수 있게 하는가가 중요하다.

기도는 하나님께 집중하는 것이다. 오직 하나님만 바라보며 나의 구할 것을 아뢰고 그분의 음성을 듣는 것이다. 하나님께 집중하는 것은 훈련을 통해서 이루어진다. 단번에 집중하기란 쉽지 않다. 우리가 늘 경험하는 것이지만 기도 전에 일어나는 잡다한 생각과 잡념, 주위의 소음 등에서 벗어나는 일은 결코 쉽지 않다. 이 것을 이기기 위해 우리는 싸움과도 같은 과정을 겪는다. 졸음과 조급함, 산만한 여러 가지 생각 역시 우리로 하여금 하나님께 집중하지 못하게 하는 기도의 장애 요소들이다.

이와 관련하여 시편 기자는 다음과 같이 말했다. "나의 영혼이 잠잠히 하나님만 바람이여 나의 구원이 그에게서 나오는도다. 오 직 그만이 나의 반석이시요 나의 구원이시요 나의 요새이시니 내 가 크게 흔들리지 아니하리로다"(시 62:1-2).

우리의 영혼이 잠잠히 하나님만 바라보는 상태에 이르는 기도 가 되기 위해서는 어떻게 해야 할까? 가장 중요한 것은 믿음이다. 하나님을 전폭적으로 신뢰하고 모든 것을 맡기는 자세가 되지 않 으면 우리의 영혼이 하나님만 잠잠히 바라보기란 쉽지 않다. 따라 서 얼마나 하나님을 신뢰하고 그분만 바라볼 수 있느냐에 의해 결 정된다. 사실 이것은 내가 의식적으로 노력한다고 되는 일이 아니 다. 오랫동안 명상한다고 되는 것도 아니다. 하나님과 만나는 체 험이 있어야 한다. 하나님과 얼마나 깊은 만남을 경험하느냐에 따 라 달라진다.

하나님께 얼마나 집중하느냐에 따라 나의 문제도 달라져 보인다. 하나님의 그림이 마음에 그려지는 만큼 나의 문제에 관한 해결점이 보인다. 기도에서 하나님께 집중한다는 것은 마음에 하나님이 얼마나 자리 잡느냐 하는 것을 의미한다.

불교에서는 명상을 통해 집중력을 훈련한다. 벽에 검은 점 하나를 찍고 그것을 오랫동안 바라보면 나중에 집중력이 생겨 무엇을 하든지 잘할 수 있다고 말한다. 자기를 비우면서 마음을 점에 집중하면 나중에 그 점이 크게 다가온다고 말한다. 이런 수행 방법은 주로 동양에서 많이 사용된다. 이것은 생리학적인 특성을 이용한 일종의 자기 수양 방법이다. 이처럼 타종교에서 사용하는 심리적인 종류의 집중기도 방법과 그리스도인의 기도는 근본적으로 다르다. 어떤 물체나 점을 계속 응시하는 식의 집중력 훈련은 대상과 상관없이 행해지는 자기 집중법이다. 실제로 이처럼 기도를 오해하는 사람들도 있다.

하지만 성경에서 말하는 기도의 집중은 하나님을 향한 것이다. 하나님은 영이시지만 추상적인 대상이 아니시다. 인격과 성품과 인자하신 모습 등을 소유하고 계신다. 그것은 이미 성경을 통해 우리에게 나타나신 바 되었다. 그런 인격적인 하나님의 모습을 바라보고 기억하면서 그분을 신뢰할 때 나타나는 것이 참된 집중이다. 오직 하나님만이 나의 반석이요 구원자라는 유일신 신앙에서 나오는 집중이다. 기도의 집중은 곧 그분이 하신 일과 성품에 대한 집중으로 모든 것이 그분으로부터 시작되고 종결됨을 신뢰하는 데서 오는 말씀의 집중이다.

하나님께만 집중하며 기도하기 위해서는 말씀에 충실해야 한다. 하나님이 곧 말씀이시다. 성경을 통해 계시된 하나님의 모습들을 마음에 그리면서 그것을 믿고 신뢰하는 가운데 우리는 오직 하나님만 바라보게 된다. 신앙의 선배들은 모두가 한결같이 하나님께만 집중한 사람들이다. 우리의 모든 만족은 하나님께 있다. 가장 힘든 가운데서도 우리를 구원하시는 분은 오직 하나님 한 분이시다. 주시는 분도 하나님이시요 취하시는 분도 하나님이시다. 욥이 고난 가운데서도 하나님께만 집중하면서 위기를 극복한 것은 좋은 예다.

우리는 기도하면서 점차 하나님께로 다가서게 되고, 하나님만 바라보고 의뢰하게 된다. 모든 해답을 하나님께 두게 된다. 우리는 기도하면서 점차 굳건한 믿음을 갖게 된다. 처음에는 나의 힘으로 무엇을 해결하려고 하다가 어느 정도 시간이 지나면 자신을 포기하고 모든 성공과 실패를 하나님께 맡기게 된다. 최종적으로 남는 대상은 오직 하나님 한 분이시다.

우리는 기도를 통해 자꾸 무엇을 얻으려고 한다. 이때 분명히 기억할 것은 기도를 통해 후히 주시고 넘치도록 주시는 하나님의 축복을 경험할 때마다 그것이 모두 하나님께로부터 나오는 것임을 명심해야 한다는 것이다. 처음도 마지막도 하나님이시다. 하나님이 우리의 기도를 들으시고 구하는 것을 철따라 풍성하게 채워주시고 공급해주시는 이유는, 우리로 하여금 오직 하나님 자신을 바라보게 하시기 위함이다.

그러나 사람들은 이 사실을 깨닫지 못한 채 하나님보다는 그분이 주시는 선물에 더 관심이 갖는다. 우리를 창조하신 창조주 하나님보다 그 하나님이 내려주시는 복에 더 미혹되는 것이다. 하지만 우리는 기도 중에 하나님보다 그분이 주시는 선물에 마음이 더 가서는 안 된다. 그것은 기도의 방향이 잘못된 것이다. 그것은 집중이 잘못된 것이다. 모든 것을 얻었음에도 정작 하나님 자신을 잃어버리는 결과를 초래할 수 있다. 우리는 우리의 기도로 인해 설령 다른 것을 다 잃는다고 해도 하나님 한 분만 찾으면 된다. 그러면 그 모든 것을 더하시는 하나님을 바라볼 수 있다.

사도 바울은 로마서에서 주님에 대해 다음과 같이 고백했다. "이는 만물이 주에게서 나오고 주로 말미암고 주에게로 돌아감이라. 그에게 영광이 세세에 있을지어다. 아멘"(롬 11:36). 바울은 로마서 전반부(1-11장)를 마치면서 모든 것이 하나님에게서 오며 그분께로 돌아간다고 찬양하면서 오직 하나님 한 분만으로 멋지게 마무리한다. 우리는 기도를 하면서 얼마나 하나님께 초점을 맞추는가? 하나님 한 분이면 모든 것을 얻은 것이다. 그러나 하나님을 빼앗기면 모든 것을 가졌어도 결국은 아무것도 가진 것이 아니다.

기도의 성패는 얼마나 하나님께 집중하며 그분께 만족함을 두느냐에 달려 있다. 나의 안에 하나님이 계시면 모든 것을 가진 것이다. 결국 얼마나 하나님을 의지하고 하나님과 연합을 경험하느냐가 관건이다. 참된 기도의 마지막은 하나님 한 분만 남는 것이다. 이것이 기도의 최종목표이다. 가장 깊은 기도는 오직 하나님께만 집중해서 그분 한 분만으로 만족하는 상태이다.

하나님께 집중하면 모든 것을 얻는다. 하나님께 있는 것을 모두 받게 된다. 얼마나 행복한 일인가? 나의 출발점도 하나님이시요 나의 마침도 하나님이시다. 기도를 통해 이 사실을 확신하고 하나님께 마음을 두고 산다면 우리가 상상할 수 있는 그 이상의 형통의 복을 받게 될 것이다. 모든 지식과 지혜의 근본이신 하나님을 경외하고 그분께만 나의 소망을 둔다면 다니엘처럼 열 배의 지혜를 주실 것이다. 유대인들이 천재적인 능력을 발휘하는 것도 알고 보면 모든 관심과 출발을 하나님께 두었기 때문이다. 어떤가? 기도를 통해 점점 하나님께 다가섬을 느끼고 있는가? 하나님께 더 집중할 수 있게 되었는가? 오늘도 이런 기도를 드려보자.

"나의 목적은 하나님이다.

기쁨도 화평도 축복도 아닌

나의 하나님 자신뿐이다.

나는 내 인생을 이 수준에서 재고 있는가?

아니면 이보다 낮은 수준에 의해서

평가하고 있는가?"

– 오스왈드 챔버스

성령에 사로잡혀
기도하라

기도는 인간의 일이 아니라 성령의 일이다. 육신을 움직여 하는 것이지만 영적인 일이다. 그러므로 성령의 역사가 없다면 기도가 아니다. 모양만 기도일 뿐 진정한 기도가 될 수 없다. 기도가 기도가 되기 위해서는 성령의 간섭이 반듯이 일어나야 한다.

사도 바울은 에베소교회를 향해 다음과 같이 기도했다. "우리 주 예수 그리스도의 하나님, 영광의 아버지께서 지혜와 계시의 영을 너희에게 주사 하나님을 알게 하시고 너희 마음의 눈을 밝히사 그의 부르심의 소망이 무엇이며 성도 안에서 그 기업의 영광의 풍성함이 무엇이며 그의 힘의 위력으로 역사하심을 따라 믿는 우리에게 베푸신 능력의 지극히 크심이 어떠한 것을 너희로 알게 하시기를 구하노라"(엡 1:17-19).

성도들을 향한 바울의 기도 제목은 이것이다. 그들에게 성령의 영이 임해 하나님을 알고 하나님의 부르심의 소망과 기업의 영광의 풍성함과 하나님의 능력이 얼마나 크신지를 알게 해달라는 것이었다. 이 모든 일은 인간의 힘으로는 알 수 없다. 오직 성령이 임할 때 가능하다. 성령이 우리의 마음을 열어주시고 지혜와 계시의 영이 임할 때 놀라운 하나님의 능력을 깨닫게 된다. 이것들은 인간의 힘이 아니라 오직 성령의 역사를 통해서만 알 수 있다.

에베소서 3장 14~19절에서 바울은 다시 반복해서 성령의 능력을 구하는 기도를 한다. "이러므로 내가 하늘과 땅에 있는 각 족속에게 이름을 주신 아버지 앞에 무릎을 꿇고 비노니 그의 영광의 풍성함을 따라 그의 성령으로 말미암아 너희 속사람을 능력으로 강건하게 하시오며 믿음으로 말미암아 그리스도께서 너희 마음에 계시게 하시옵고 너희가 사랑 가운데서 뿌리가 박히고 터가 굳어져서 능히 모든 성도와 함께 지식에 넘치는 그리스도의 사랑을 알고 그 너비와 길이와 높이와 깊이가 어떠함을 깨달아 하나님의 모든 충만하신 것으로 너희에게 충만하게 하시기를 구하노라."

사도 바울의 기도 속에는 "성령으로 말미암아" "믿음으로 말미암아"라는 말이 반복해서 나온다. 무슨 의미일까? 기도는 내가 하는 것이 아니라 성령의 인도하심에 따라 하는 영적 교제라는 뜻이다. 엄밀히 말하면 하나님과 인간은 서로 만날 수 없는 처지다. 죄악을 범한 인간은 하나님과 원수가 되었다. 기도할 수 없는 사이가 되었다. 죄를 범한 인간은 하나님과 대화가 불가능했다.

그런데 그리스도께서 십자가에서 죄를 위해 희생제물이 되심으로써 하나님과 인간 사이에 막힌 담이 무너지게 되었다. 하나님과 인간 사이에 의사소통이 가능하게 되었다. 그럼에도 하나님과 인간의 대화는 원활하게 이루어지지 않는다. 실제적인 관계가 회복되었어도 여전히 죄 가운데 있는 인간은 하나님과 대화가 잘 안 된다. 우리가 기도하기 힘든 이유가 여기에 있다. 죄를 해결하지 않으면 기도가 매우 힘들다. 인간의 부족함을 채워주면서 힘을 주고 기도할 수 있도록 도우시는 분이 우리 안에 계신 성령이시다. 하나님이 성령을 보내셔서 우리 안에 거하게 하신 것은 우리가 기도하기 힘들 때 도움을 주시기 위함이다. 우리 혼자 힘으로는 기도가 안 된다. 성령이 도와주셔야 가능하다.

우리는 이것을 "성령 안에서 기도한다"라고 말한다. 기도는 성령의 도우심이 없으면 힘들다. 능력 있는 기도는 성령 안에서 성령에 사로잡혀 하는 것이다. 성령을 의지하지 않으면 우리는 기도다운 기도를 할 수 없다. "이와 같이 성령도 우리의 연약함을 도우시나니 우리는 마땅히 기도할 바를 알지 못하나 오직 성령이 말할 수 없는 탄식으로 우리를 위하여 친히 간구하시느니라. 마음을 살피시는 이가 성령의 생각을 아시나니 이는 성령이 하나님의 뜻대로 성도를 위하여 간구하심이니라"(롬 8:26-27).

기도할 때 나의 생각대로 기도하면 제대로 되지 않는다. 말문이 막히고 도저히 무엇을 어떻게 해야 할지 몰라 중언부언하게 된다. 뜨거운 마음이 사라지고 냉소적인 언어만 쏟아내게 된다. 한풀이식 열심만 되풀이하게 된다. 이로 인해 많은 성도들이 기도의 삶에서 실패하는 것이다. 그렇다면 우리는 어떻게 해야 할까? 성령의 도우심을 구해야 한다. 우리의 연약함을 아시는 성령은 우리에게 기도해야 할 제목과 내용을 가르쳐주신다. 때로는 우리를 위해 친히 기도하기도 하신다. 그러므로 우리는 먼저 이런 성령님이 우리 안에 계신다는 사실을 믿고 인식하는 것이 필요하다.

그분을 영으로 느끼고, 영으로 기도하는 방법을 터득하면 기도가 훨씬 쉬워진다. 성령에 사로잡혀 기도하면 기도시간이 지루하지 않다. 언제 지나갔는지 모르게 기도시간이 지나가고 기도에 능력이 생긴다. 그만큼 하나님과 의사소통이 잘된다는 의미이다. 서로 마음이 통하여 오가는 대화가 잘되면 시간가는 줄 모르듯이 하나님과 우리 사이의 영적 대화도 이와 같이 하면 시간이 빠르게 지나간다. 이것을 도와주시는 분이 바로 성령이시다.

성령은 순간순간 기도의 내용과 방향을 알려주시고 정해주시면서 우리로 하여금 하나님과 대화를 잘 진행하도록 도우신다. 처음 만난 사람과 대화를 나눈다고 상상해보자. 무엇을 어디서부터 시작해야 할지 난감하다. 좀처럼 대화가 잘 진행되지 않는다. 그런데 나와 상대방을 잘 아는 누군가가 중간에서 가교역할을 하며 대화를 돕는다면 훨씬 유익한 교제의 시간이 될 것이다.

마찬가지로 하나님과 우리가 대화할 때 성령이 개입하셔서 도와주시면 기도에 힘이 생긴다. 물론 성령은 인격적인 분이기에 우리가 허락하고 성령님께 도움을 요청하지 않으면 강압적으로 나서지 않으신다. 그저 곁에서 기다리고 탄식하며 안타까워하신다. 그러므로 우리는 나의 안에 계신 보혜사 성령께 도움을 구하고, 그분의 생각과 의도를 구하면서 기도해야 한다. 그 순간 우리의 기도가 온전히 변화된다.

중요한 것은 기도할 때 우리가 얼마나 성령의 내주하심을 믿느냐이다. 성령에 사로잡혀 모든 것을 맡기고, 그분의 생각대로 기도한다면 전혀 다른 차원의 기도를 체험하게 될 것이다. 우리는 이런 상태를 "성령의 충만함을 입고 기도한다"라고 말한다.

많은 사람들이 착각하는 것이 있다. 바로 자신이 기도한다고 생각하는 것이다. 내가 말하고, 내가 생각하는 것을 구하고, 나의 필요한 것을 말하는 것이 기도라고 생각한다. 결코 그렇지 않다. 계속 그런 상태로 머물면 영의 기도가 아니라 단순히 육의 기도가 될 수밖에 없다.

사도 누가는 예수님이 겟세마네 동산에서 기도하실 때의 모습을 이렇게 기록했다. "이르시되 아버지여 만일 아버지의 뜻이거든 이 잔을 내게서 옮기시옵소서. 그러나 내 원대로 마시옵고 아버지의 원대로 되기를 원하나이다 하시니 천사가 하늘로부터 예수께 나타나 힘을 더하더라. 예수께서 힘쓰고 애써 더욱 간절히 기도하시니 땀이 땅에 떨어지는 핏방울같이 되더라"(눅 22:42-44). 누가는 예수님이 기도하실 때 하늘의 천사가 도왔다고 기록했다. 예수님도 천사의 도움을 받아 기도하셨다고 말했다.

반면 예수님이 땀이 떨어지는 핏방울같이 되도록 기도하시는 바로 그 순간에 제자들은 기도하고 싶어도 육신이 연약해서 기도에 힘쓰지 못하고 잠을 자고 말았다. 그러기에 기도는 자기 뜻대로 되는 것이 아니다. 성령의 도우심이 없으면 실패하고 만다. 그러나 성령의 도우심을 바라고 겸손하게 하나님 앞으로 나아가면 전혀 다른 차원의 기도를 경험할 수 있다. 내가 기도한다고 생각하면 교만에 빠진다. 그러나 성령의 도우심으로 기도하면 기도하면서도 성령의 음성에 민감하게 된다. 자연히 하나님의 뜻에 가깝게 다가서게 되고, 마침내 영적인 대화를 이루게 된다.

사도행전 7장에는 스데반이 순교하기 직전에 기도하는 장면이 소개되어 있다. 스데반은 성령 충만한 사람이었다. 즉 성령의 지배를 받고 있던 사람이었다. 그는 말할 때도 지혜와 성령으로 말했기에 사람들이 능히 그를 당하지 못했다(행 6:10). 성령은 인간의 일에는 역사하지 않으신다. 그러나 하나님의 복음에 관련된 일에는 기꺼이 함께하신다. 유대인들은 스데반의 설교를 듣고 이를 갈며 그를 죽이려고 했다. 스데반은 그 위급한 순간에도 하늘을 우러러보며 하나님께만 집중하며 기도했다.

"보라. 하늘이 열리고 인자가 하나님 우편에 서신 것을 보노라"(행 7:56).

어떻게 죽음 앞에서 이런 기도가 가능할까? 이것은 죽음을 더 자초하는 일이었다. 결국 사람들은 스데반의 기도하는 모습을 보고 달려들어 돌로 치기 시작했다. 그러나 스데반은 돌에 맞으면서도 부르짖으며 다시 기도했다.

"주 예수여, 내 영혼을 받으시옵소서"(행 7:59).

그리고 무릎을 꿇고, 크게 소리 질러 마지막 기도를 드렸다.

"주여, 이 죄를 그들에게 돌리지 마옵소서"(행 7:60).

스데반의 기도는 인간의 힘으로는 불가능한 기도였다. 인간의 생각이나 감정적인 마음을 가지고서는 도저히 할 수 없는 기도였다. 이것은 성령의 도우심이 없으면 불가능한 기도였다. 기도 중에 도우시는 성령의 역사가 아니고서는 일어날 수 없는 일이었다. 그러기에 성경은 '성령 충만'이라는 말로 스데반의 기도 상태를 나타내고 있다. "스데반이 성령 충만하여 하늘을 우러러 주목하여"(행 7:55).

스데반이 성령 충만 속에서 한 기도는 오늘날 우리의 기도가 어떠해야 함을 잘 보여준다. 성령에 사로잡혀 기도하면 우리도 스데반과 같은 기도를 할 수 있다. 그러기에 성령의 도우심을 먼저 구하고, 성령 안에서 기도하는 습관을 들여야 한다. 나의 원하는 생각을 구하기에 앞서 나의 안에 계신 성령께 나의 생각과 마음을 드리고 인도함을 받는 기도를 먼저 해야 한다. 그리고 나의 기도에 성령의 간섭이 전적으로 필요함을 인식하고 나의 기도에 그분을 초대해야 한다. 가능하면 성령에 사로잡히는 성령 충만한 상태가 되면 더욱 좋다.

여기서 성령 충만함이란 결코 무당의 접신하는 엑스타시와 같은 황홀경의 상태를 말하는 것이 아니다. 한국 사회는 오랫동안 샤머니즘 문화에 젖어 있어서 성령 충만을 마치 무당이 접신하는 것과 같은 모습으로 그리기 쉽다. 마음이 뜨겁게 달구어져 감정이 들뜬 상태를 기대하는 경향이 짙다. 그것을 위해 음악을 사용하고 싶은 유혹을 종종 받는다. 잘못하면 찬송이 이런 도구로 전락할 수 있다. 찬양은 하나님을 높이고 경배하는 것이다. 그런데 기도를 드리기 위한 준비과정으로 생각하고, 찬송과 음악에 빠져 뜨거운 성령 충만을 구하는 것은 분명 이방문화에 길들여진 비성경적인 행위이다. 이것은 음악을 사용해서 우리를 혼란하게 만드는 사탄의 고도의 전략이다. 우리는 그동안 이런 종류의 성령 충만을 많이 보았다.

나는 어릴 때 무당이 접신을 받기 위해 북과 징을 반복적으로 계속 치면서 황홀경의 상태에 이르러 그 힘으로 작두를 타는 모습을 보았다. 그래서인지 몰라도 왠지 북만 두드리면 가슴이 울렁거리며 감정이 격해진다. 이것은 한국 사람이 가지고 있는 일반적인 특징이다. 축구 경기장에서 사람들의 감정을 돋우기 위해 반복적인 구호를 외치고 북과 징을 치고 환호하고 몸짓을 하면서 하는 응원에 빠지다 보면, 나중에는 자기도 모르는 이상한 황홀경에 빠져 비정상적인 행동을 하게 되는 것도 알고 보면 다 같은 유형이다. 영적인 것을 주장하는 종교는 이런 것들을 교묘하게 이용해서 마치 신비로운 것을 경험하는 것처럼 속임수를 쓴다. 종종 교회 안에서도 이런 모습을 발견하게 된다.

성령에 사로잡혀 기도한다는 것은 감정적인 기분이 아니다. 오히려 전인적이며 인격적인 상태이다. 스데반이 성령 충만함을 받은 상태는 그리스도께서 유일한 구원자요 그분의 은혜를 받은 것에 감사하고 주님만을 전하고자 하는 강한 확신을 가진 상태를 의미한다. 어떤 타협도 마다하고 오직 진리의 길을 가는 결연한 자세가 성령 충만함을 받은 증거이다. 주님을 위해 죽기로 각오하면서 마지막까지 하나님이 주신 이성을 잃지 않고 정상적인 상태를 유지하면서 그것으로 하나님께 영광을 돌리는 것을 말한다. 이 죄를 그들에게 돌리지 말고 용서해달라는 스데반의 마지막 기도는 결코 황홀경의 엑스타시 상태에서 말하는 것이 아니다. 스데반의 성령 충만은 십자가상에서 죽으신 예수님의 마지막 모습과도 같다. 오히려 스데반을 죽이려는 그들이 제정신이 아니다.

복음에 사로잡히고 진리의 말씀에 사로잡히는 것이 성령 충만이다. 종교개혁자 마틴 루터가 진리에 사로잡혀 교황 앞에서도 죽음을 무서워하지 않고 끝까지 불의와 타협하지 않은 모습이 곧 성령 충만이다. 성령은 진리의 영이시다. 성령은 진리의 말씀을 떠나 역사하신 경우가 없다. 성령 충만함을 어렵게 생각하지 말자. 진리의 말씀에 사로잡혀 기도하면 그것이 곧 성령 충만함으로 기도하는 것이다. 성령은 진리를 사랑하고 말씀에 사로잡힌 사람에게 임하며 그를 지배하신다. 말씀을 사랑하고 그 말씀을 응하는 것에 관심을 갖고 기도하자. 그러면 자연히 성령이 나를 지배하게 될 것이다.

/기/도/따/라/잡/기/

오, 하나님!
누구나 하기가 매우 어려운 일을
제가 하고자 할 때에 도와주시기를 원합니다.

제가 하고 싶어 할 때 순종하게 하옵소서.
제가 지치고 용기를 잃어 포기하려 할 때
인내를 주옵소서.

제가 밖에 나가서 놀고 싶어 할 때
공부하게 하옵소서.
가정일이 귀찮고 하기 싫을 때
가정일을 돕게 하옵소서.

흥분해서 생각나는 대로 지껄이고 싶어 할 때
마음에 평정을 주옵소서.
저의 마음이 상하고 아프고 슬픈 마음이 들 때
용서 하옵소서. 이 모든 일을 도와주옵소서.

언제나 당신께 순종함으로써
행복을 발견하도록 도와주옵소서.

– 윌리암 바클레이

하나님의 음성을 듣고
기도하라

언어를 잘하기 위해서는 먼저 듣는 것부터 배워야 한다. 우리가 그토록 오랫동안 영어를 공부했음에도 제대로 사용하지 못하는 이유는 어디에 있는가? 영어공부 방법에 문제가 있었기 때문이다. 듣기보다 말하기와 쓰기에 치중했기 때문이다. 순서가 잘못되었다. 들음으로써 말문이 열리는데 듣지 않고 말부터 하려 했기에 지식적인 차원 그 이상으로 나아가지 못한 채 죽은 영어가 된 것이다. 영어 문장을 읽고 독해는 할 수 있지만 정작 외국인을 만나면 한마디도 못하고 엉거주춤하는 모습은 나쁜 아니라 위와 같이 영어를 배운 세대에게서 동일하게 나타나는 현상이다.

그런데 어린아이들이 말을 배우는 과정을 살펴보면 듣기의 중요성을 더욱 잘 이해할 수 있다. 아이들에게 처음부터 글자를 보여주고 읽게 하지 않는다. 가장 먼저 듣게 하고, 다음에 말하게 하고, 그리고 맨 마지막에 글자를 가르친다. 이처럼 귀가 열려야 말할 수 있다. 얼마나 많이 듣느냐, 또 얼마나 잘 듣느냐가 핵심이다. 많이 듣고, 들은 말을 잘 이해하게 되면 자연스럽게 말을 할 수 있게 된다. 언제나 들은 것을 말하지, 듣지 않은 것을 말하지 않는다. 들음이 곧 교육의 시작이다.

이스라엘에는 신명기 6장에 기록되어 있는 '쉐마 교육'이 있다. 그들은 어릴 때부터 자녀들에게 쉐마를 듣게 하고 암송하게 한다. 히브리어로 쉐마는 '들으라'는 의미를 가지고 있다. 듣는 교육은 이스라엘 교육의 시작점이다. 그들은 처음에 무엇을 듣는지에 따라 모든 삶이 결정된다고 믿는다. 그래서 자녀가 태어나면 제일 먼저 쉐마의 말씀을 들려준다. 그리고 들은 말씀을 기초로 말하게 한다. 쉐마를 기초로 생각하고 살아가게 한다. 참으로 놀라운 교육법이 아닐 수 없다.

"이스라엘아 들으라. 우리 하나님 여호와는 오직 유일한 여호와이시니 너는 마음을 다하고 뜻을 다하고 힘을 다하여 네 하나님 여호와를 사랑하라"(신 6:4-5). 이스라엘은 하나님을 사랑하는 것으로 모든 교육을 시작한다. 분명한 뿌리를 가지고 인생을 살게 한다. 이것이 히브리인의 교육법이다. 인간이 태어나서 제일 먼저 들어야 할 말씀이다.

무엇을 듣는지에 따라 인생이 달라진다. 이것은 기도에도 그대로 적용된다. 기도도 듣는 것부터 시작해야 한다. 그런데 우리는 듣기보다 말하기부터 먼저 하려고 한다. 교회에서 기도를 가르칠 때도 듣는 것보다 말하는 것부터 가르치는 경우가 대부분이다. 마치 오랫동안 영어를 배워도 나중에 잘 사용할 수 없는 것처럼 우리의 기도 훈련 방법에도 문제가 있는 것이다. 말하는 것을 먼저 하려고 하기에 기도가 힘들고 살아 있는 기도가 안 되는 것이다. 결과적으로 기도에 관한 오해를 불러일으켜 기도생활에 방해가 된다. 지금부터라도 기도의 시작을 새롭게 바로잡을 필요가 있다.

20세기 최고의 언어철학자 가운데 한 사람인 루드비히 비트겐슈타인은 "우리는 하나님이 다른 사람에게 말씀하시는 것을 들을 수 없다. 오직 하나님이 나 자신에게 말씀하실 때만 그분의 말씀을 들을 수 있다"라고 말했다. 하나님이 말씀하시지 않으면 우리는 결코 하나님의 음성을 들을 수 없다. 기도는 하나님과의 대화이다. 그런데 하나님의 말씀을 듣지 않고 대화하려고 하는 까닭에 대화가 어려울 수밖에 없다. 그러므로 기도를 배우기 전에 하나님의 말씀을 많이 듣고, 그 말씀을 어떻게 이해해야 하는지를 배우는 것이 순서이다.

신학자 칼 바르트는 말했다. "어렵게 들릴지 모르지만 듣는 것이 실제로 구하는 것보다 선행되어야 한다. 듣는 것이 구하는 것의 기초이다. 듣는 것은 기독교인의 구하는 것을 실제로 구하게 한다." 우리는 언제 능력을 부여받게 되는가? 하나님이 말씀하실 때이다. 인간은 어느 때 하나님께 응답하는가? 하나님의 말씀을 들음으로써 능력을 받고 의지를 부여받을 때 마침내 하나님의 말씀에 반응한다. 사람의 응답에 대해 다시 하나님이 응답하시면서 인간과 하나님의 상호 만남이 이루어진다. 만남의 주도권은 전적으로 하나님께 있다.

세상이 언제 시작되었는가? 하나님의 말씀이 시작되었을 때이다. 말씀이 없으면 그 무엇이든 아직 시작되지 않은 것이다. 그런 의미에서 "태초에 말씀이 계시니라"(요 1:1)고 세상의 시작을 설명하는 사도 요한의 선언은 놀랍기만 하다. 그렇다면 기도는 언제 시작되는가? 내가 말할 때인가? 그렇지 않다. 하나님이 말씀하실 때이다. 우리는 그동안 얼마나 크게 오해하고 있었는가? 우리는 내가 말하는 것이 곧 기도의 시작이라고 생각하면서 살았다. 이와 같은 방법으로 기도했다. 얼마나 교만한 생각이며 우매한 행동인가?

세상 사람들도 기도를 한다. 그러나 하나님이 없는 기도이다. 오직 자기가 구할 것을 구하고 외치는 기도이다. 자기가 기도의 시작이다. 자기가 신이다. 그런데 이와 같은 잘못된 기도 방식이 우리 안에 아직까지 자리 잡고 있다. 이것이야말로 우리로 하여금 기도를 어렵게 만드는 요인이다. 여기에는 겸손함이 없다. 오직 인간의 욕망만이 존재할 뿐이다. 그들은 말씀 없이도 기도를 잘한다. 밤을 새면서 쉬지 않고 열심히 기도한다. 기도의 열정에 만족한 채 하나님이 들어주셨다고 주장한다. 그러나 헛된 몸짓일 뿐이다.

믿음도 내가 먼저가 아니다. 하나님이 나타나주셔야 내가 하나님을 믿을 수 있다. 마찬가지로 기도 역시 하나님이 먼저 말씀하셔야 마침내 내가 기도할 수 있다. 우리는 기도하기 전에 듣는 법을 배워야 한다. 듣기는 가장 중요한 기도의 습관이다. 하지만 그동안 먼저 말부터 시작했기에 침묵하면서 잠잠히 하나님의 음성을 듣는 훈련이 부족했다. 이제부터라도 기도를 다시 배워야 한다.

일찍이 기도의 사람으로 알려진 사무엘은 어릴 때 이미 그의 스승 엘리에게 기도하는 법을 바르게 배웠다. 그런데 하루는 하나님이 잠을 자고 있던 어린 사무엘에게 나타나셔서 그를 부르셨다. 그러나 그것이 하나님의 음성인 줄 알지 못한 사무엘은 스승인 엘리에게 나아갔다. 사무엘은 하나님의 음성을 한 번도 들어본 적이 없기에 당연히 엘리에게 갔던 것이다. 그때의 상황을 성경은 이렇게 기록하고 있다. "사무엘이 아직 여호와를 알지 못하고 여호와의 말씀도 아직 그에게 나타나지 아니한 때라"(삼상 3:7).

말씀이 사무엘에게 나타났음에도 그는 그것을 하나님의 음성으로 듣지 못했기에 하나님 앞이 아니라 엘리에게 나아갔다. 그러나 엘리가 부른 것이 아니었다. 상황을 파악한 엘리는 하나님이 부르시는 음성인 줄 깨닫고, 사무엘에게 누가 다시 이름을 부르거든 자신에게 오지 말고 하나님께 나아가라고 일렀다. 그리고 하나님이 부르실 때 어떻게 해야 하는지 알려주었다. 결국 사무엘은 엘리가 가르쳐준 대로 하나님이 자신을 부르실 때 "말씀하옵소서. 주의 종이 듣겠나이다"라고 응답함으로써 하나님과 만나게 되었다.

이 사건은 기도가 무엇인지를 알려주는 상징과도 같다. 기도는 하나님의 말씀을 듣는 데서 비롯된다. 그럼에도 많은 사람들은 들음 없이 기도하려고 한다. 들음 없는 기도는 오래가지 못하고 금방 지친다. 그러나 하나님의 말씀을 듣고 하는 기도는 지치지 않는다. 이제 우리가 왜 기도하기 어려운지 그 이유가 자명해졌다. 바로 들음의 부족이다. 하나님의 말씀을 듣고 그 말씀에 대한 응답으로 기도해야 함에도 우리는 항상 내가 하고자 하는 말을 먼저 하려고 한다. 거듭 강조하지만 기도는 말하는 것이라기보다는 오히려 듣는 것이다. 들으면서 말하는 것이 기도이다.

듣는 훈련이 안 되면 상대방의 말뜻을 이해하지 못하고 자기 식으로 해석하게 된다. 그러기에 들을 때는 상대방의 의도를 정확하게 파악하는 것이 중요하다. 자기 욕구가 강하면 강할수록 자기 이야기만 한다. 이런 사람은 다른 사람들과 대화할 때도 좀처럼 상대방의 이야기를 들으려고 하지 않는다. 그동안 우리가 이런 기도를 얼마나 많이 했는가! 생각해보면 이것은 하나님을 모독하는 일이요, 하나님을 이용하는 불경건한 행동이다. 세상에서 가장 귀한 분으로 여기는 분에게 해서는 안 될 짓이었다. 아주 방자한 행동이었다. 그런 나의 기도를 참고 들어주신 하나님의 은혜가 그저 클 뿐이다.

대화의 기본은 들음이다. 그럼에도 상대방의 말은 듣지 않고 나의 말만 내뱉는 경우가 얼마나 많은가? 이것이야말로 대화가 실패하는 이유이다. 마찬가지로 우리가 기도에 실패하는 이유는 하나님의 말씀을 듣지 않고 무조건 나의 말만 하려고 하기 때문이다.

이제부터라도 먼저 하나님의 음성을 잠잠히 듣고 그 음성에 대한 응답으로 기도해보자. 먼저 말씀을 통해 듣는 일이 일어나야 한다. 특히 내면의 소리를 듣기보다는 하나님의 말씀을 통해 성령의 음성을 듣는 습관이 요구된다. 내면의 소리는 언제나 잘못될 가능성이 높다. 하나님의 음성을 듣는 법을 소개하는 내용들을 잘 분별해야 한다. 잘못하면 말씀 없이 마음에 들려지는 소리를 하나님의 음성으로 착각할 수 있다. 따라서 성경을 통해 다시 한 번 점검하고 말씀과 일치되는지 확인하는 자세가 필요하다.

기도에서 성경을 읽고 설교를 들음으로써 하나님의 말씀을 듣는 훈련은 필수적이다. 기도에 성공하기 위해서는 성경을 많이 읽고 마음에 말씀을 많이 담아두어야 한다. 늘 성경을 볼 수는 없기에 평소에 성경을 읽고 말씀에 관해 연구하는 일이 중요하다. "내 마음을 주의 증거들에게 향하게 하시고 탐욕으로 향하지 말게 하소서"(시 119:36).

말씀을 얼마나 마음에 새기고 담아두느냐에 따라 기도의 성패가 좌우된다. 들은 만큼 말한다는 평범한 진리를 기억하라. 성령의 역사도 말씀이 얼마나 마음에 들어 있느냐에 따라 일어난다. 성령이 역사하고 싶어도 말씀이 빈약하면 어렵다. 기억나게 하고 생각나게 하는 성령의 역사가 기도 속에서 활발하게 일어나기 위해서는 하나님의 말씀을 마음에 많이 담아두는 일이 필수적이다.

성경을 읽고 싶어도 읽을 수 없고, 말씀을 듣고 싶어도 들을 수 없는 상황일 때는 어떻게 기도해야 하는가? 평소에 마음에 담아둔 말씀을 통해 기도할 수 있다. 하나님은 언제나 계시된 말씀을 통해 말씀하신다. 만약 다른 새로운 계시가 온다면 기존의 성경은 문제가 된다. 따라서 절대 그럴 리가 없다.

구약의 선지자와 신약의 사도들을 살펴보면 한 가지 공통점이 있다. 구약의 선지자들은 언제나 토라를 기초로 예언의 말씀을 했다. 결코 토라를 벗어나지 않았다. 그러므로 토라가 없는 예언은 거짓 예언이었다. 신약의 사도들의 메시지도 언제나 성경에 근거했다. 늘 구약이 인용되는 것도 이와 같은 원칙 때문이었다. 이 원칙은 오늘날 우리에게도 똑같이 적용된다. 성령의 음성도 성경을 떠나서는 말씀하지 않으신다. 진정 하나님의 음성을 듣고 기도하고 싶은가? 그렇다면 성경을 충실히 읽고 배워라. 그 속에서 하나님의 음성을 듣는 법을 터득하라.

잘못된 기도는 모두 성경에 근거하는 자세가 부족할 때 나타난다. 잘못 말하는 것은 듣기에 실패했기 때문이다. 그냥 기도하는 것과 하나님의 말씀을 듣고 기도하는 것은 천지차이다. 기도생활을 오래 했음에도 좀처럼 성장이 없는 것은 기도할 때 듣지 않고 그냥 나의 말만 반복했기 때문이다. 듣고 기도하고, 기도하고 듣고를 반복한다면 기도가 재미있고 시간 가는 줄 모를 것이다. 그리고 기도의 깊이가 더해질 것이다. 나는 기도할 때 하나님의 음성을 먼저 듣는가? 먼저 말씀하시는 하나님을 얼마나 경험하면서 기도하는가? 스스로 한 번 돌아보기 바란다.

자신을 돌아보며
기도하라

자신을 돌아보는 것은 자신의 죄를 회개하는 것을 의미한다. 회개
는 기도에서 가장 먼저 해야 할 부분이다. 회개가 왜 중요한가? 나
의 죄를 해결하지 않으면 우리가 기도해도 하나님이 들으시지 않
기 때문이다. 따라서 죄의 해결은 기도 응답에서 필수이다. 많은
사람들이 기도 응답을 받지 못하는 이유 중 하나도 회개에 실패했
기 때문이다. "너희가 손을 펼 때에 내가 내 눈을 너희에게서 가리
고 너희가 많이 기도할지라도 내가 듣지 아니하리니 이는 너희의
손에 피가 가득함이라"(사 1:15).
좋은 기도 습관은 먼저 자신의 들보를 살피는 일이 중요하다. 죄

가 있는 상태로 기도하는 것은 시간 낭비이다. 다른 사람과 대화가 잘 안 되는 이유는 서로간의 문제를 해결하지 않았을 때이다. 관계가 끊어진 상태에서 대화는 무의미하고 공허하다. 먼저 서로간의 허물을 해결하면 대화가 잘되고 편안하다. 기도도 마찬가지다. 하나님과 관계를 깨뜨리고 있는 죄를 해결하지 않으면 진정한 기도에 이르기 어렵다.

하나님은 잘못이 없으시다. 그분은 선하고 온전하시다. 거룩하고 흠이 없으시다. 그렇다면 문제는 하나님이 아닌 나에게 있다. 기도하기 전에 먼저 나 자신을 살핀 다음 잘못을 인정하고 회개하고 토해내는 것은 너무나 당연한 일이다.

여호수아는 막강한 여리고 성을 무너뜨리고 그 기세를 몰아 작은 성인 아이 성 정복에 나섰지만 실패하고 말았다. 문제는 아간의 범죄를 해결하지 않고 그냥 앞으로 나아갔기 때문이다. 사실 여호수아는 앞으로 돌진하기보다는 먼저 자신의 진영을 살펴보고 무엇이 잘못되었는지 죄를 돌아보았어야 했다.

우리는 죄악 된 세상에서 살기에 날마다 죄를 짓고 산다. 밤새 밖에 주차해둔 차에 더러운 먼지가 쌓이는 것처럼 우리의 삶에도 계속 죄가 쌓인다. 그러므로 하나님 앞에 나아갈 때 자신의 죄부터 해결하고 그분과 진실한 대화를 나누는 것이 순서이다.

무엇보다 가장 큰 죄는 하나님을 잊어버리고 사는 죄이다. 죄는 인간과의 관계 이전에 하나님과의 관계에서 비롯된다. 하나님과의 관계가 깨지면 인간과, 자연과의 관계도 깨지고 만다. 따라서 죄를 해결하기 위해서는 먼저 하나님과의 관계를 회복해야 한다. 하나님이 없는 인간은 자기가 주인이다. 자기가 주인이라는 생각으로 세상을 바라보면 모두 다 마음에 들지 않는다. 이런 인간의 교만은 모든 인간관계를 파괴하는 주범이다.

인류의 조상인 아담과 하와 역시 하나님과의 관계가 깨지는 순간 모든 관계가 나빠졌다. 가장 먼저 부부 사이의 신뢰가 깨어졌다. 그들의 자녀인 가인과 아벨 사이에서는 살인이 일어났고, 인간관계는 걷잡을 수 없이 파괴되었다. 사실 오늘날 인류가 행하는 모든 죄악 된 모습은 하나님과의 관계가 회복되지 못해서 일어나는 것이다.

이 원리는 기도에도 그대로 적용된다. 아담과 하와가 다른 문제를 해결하기 전에 먼저 하나님과의 관계를 회복하는 것이 우선이었듯, 우리도 하나님 앞에 나아가서 자신과 이웃의 문제를 아뢰기 전에 먼저 하나님과 멀어진 관계를 다시 회복해야 한다.

우리의 삶에서 하나님을 떠났던 시간은 이루 헤아릴 수 없이 많다. 하나님의 뜻과 상관없이 나의 생각과 마음과 행동으로 살았던 것에 대해 자복한 다음에야 비로소 하나님과의 대화가 이루어질 수 있다. 그런 의미에서 회개는 기도의 핵심이며, 기도의 문을 열어주는 열쇠와도 같다.

우리는 인간관계에서 남의 잘못이 드러났을 때 분을 참지 못하고 정죄하고 비난하는 데는 빠르다. 그러나 정작 자신을 돌아보는 일에는 느리다. 나보다는 다른 사람의 잘못에 초점이 맞추어져 있기 때문이다. 이처럼 자기 유익의 관점에서 모든 것을 보려고 하면 해답이 없다. 그러나 하나님의 은혜로 나의 모든 더러운 죄가 용서받은 것을 인정한다면 우리는 그 누구에게도 돌을 던질 수 없다.

하루는 서기관과 바리새인들이 예수님 앞에 간음하다 현장에서 잡힌 한 여인을 데리고 나왔다. 그들은 그 여인의 죄를 확인하고, 돌로 쳐서 죽여야 한다고 주장했다. 그러나 예수님은 "죄 없는 자가 먼저 돌로 치라"는 유명한 말씀을 하심으로써 모든 사람을 스스로 물러나게 하셨다. 죄 없는 사람만이 다른 사람들의 죄를 말할 수 있다. 똑같이 죄인인 주제에 누구의 죄를 들추어내겠는가? 그럼에도 사람들 사이에 왜 정죄현상이 흔히 일어나는가? 자신을 돌아보는 자세가 부족하기 때문이다. 언제나 자신을 돌아보는 데서 시작하지 않고 상대방에게서 문제의 해결점을 찾으려고 하면 자신이 곧 예수님이 되고 싶은 유혹에 빠진다.

기도하면서 자신을 돌아보는 습관을 갖는 것은 우리 생활에 좋은 영향력을 준다. 기도뿐 아니라 인간관계에도 그대로 적용할 수 있기 때문이다. 옛날에는 많은 사람들이 일기 등을 통해 하루의 일을 반성하는 생활을 했다. 반면 오늘날에는 자신을 성찰하고 돌아보는 일이 갈수록 드물어지고 있다. 하지만 기도를 통해 자기 성찰의 습관을 길들이면 사람들 앞에서도 마치 하나님 앞에서 하듯 먼저 자신을 돌아보고 행동하게 될 것이다. 우리의 삶이 많이 달라질 것이다.

기도와 내가 서로 다른 것이 아니다. 기도는 곧 나이다. 사람은 기도하는 대로 살게 되어 있다. 그런 의미에서 좋은 기도 습관은 나의 삶에 큰 영향을 준다. 만약 많은 기도생활을 하는데도 좀처럼 삶이 달라지지 않는다면 기도 습관을 일단 점검해볼 필요가 있다. 혹시 우리 안에 잘못된 기도 습관은 없는지, 기도할 때 자신을 돌아보는 일을 하지 않고 자신의 구할 것만 간구하지는 않는지, 자신을 살피는 일에 실제로 많은 시간을 할애하는지 등을 점검해보면 금세 문제점이 발견될 것이다.

좋은 기도 습관은 우리의 삶을 풍성하게 한다. 기도는 곧 삶이기 때문이다. 기도하는 모습이 곧 우리의 삶을 결정한다. 기도를 통해 자신을 돌아보는 훈련을 많이 했다면 당연히 일상 속에서 다른 사람들보다는 먼저 자신을 살피는 일에 충실할 것이다. 사람들은 기도를 무엇을 얻어내는 수단으로만 생각한다. 자신이 변화되는 것은 크게 개의치 않는다. 그것은 기도의 본질을 잘 모르기 때문이다. 기도를 사람보다 물질에 초점을 두면 이런 현상이 생긴다. 기도는 알라딘의 요술 램프가 아니다. 기도하면 무엇이든지 이루어진다고 생각하는 것은 기도에 관한 오해에서 비롯된 것이다. 오히려 기도는 인격을 변화시키는 힘이 있다. 기도는 기도하는 사람을 변화시킨다.

존경하는 인격적인 멘토와 오랜 세월 대화를 나누고 교제를 하다 보면 점차 나 자신이 변하게 되는 것을 느낀다. 그와 만나면 만날수록 겸손해지고 나의 부족함을 발견하게 되면서 어느새 나도 그와 같은 인격자로 변하게 된다. 이것은 인위적인 게 아니라 자연스러운 변화이다. 기도하면서 자신을 돌아보고 성찰하는 훈련을 많이 한 사람은 당연히 일상적인 삶에서도 이와 같은 원칙을 견지할 것이다. 이제부터라도 이런 좋은 기도의 습관을 가지고 싶지 않은가?

조지 뮬러는 5만 번 기도의 응답을 받은 사람으로 잘 알려져 있다. 무엇보다 그는 기도할 때 무척 정직했다. 하나님이 그의 기도에 응답해주신 것은 그의 정직한 마음 때문이었을 것이다. 그는 자신의 잘못을 남에게 돌리거나 자신을 합리화하지 않았다. 어떻게 그것이 가능했을까? 항상 자신을 돌아보는 일에 충실했기 때문이다. 사람은 본래 정직하지 않다. 가식적이고 죄가 많다. 그럼에도 하나님은 우리가 정직하길 원하신다. "정직한 자의 기도는 그가 기뻐하시느니라"(잠 15:8).

그렇다면 정직이란 무엇인가? 그것은 자기의 죄를 그대로 인정하고, 자기의 죄를 고쳐달라고 간구하는 것이다. 자기에게 있는 죄를 솔직하게 인정하고, 냉철하게 바라볼 수 있는 능력을 가진 사람이 정직한 사람이다. 하나님은 이런 정직한 마음을 갖고 기도하는 것을 좋아하신다.

뮬러는 자신의 부족함을 알았기에 그토록 많이 기도했음에도 자신의 기도시간을 자랑하는 일을 철저히 금했다. 실제로 그가 남긴 기록에서 기도시간의 길이를 강조한 적은 단 한 번도 없었다. 자신이 어떤 사람인지 잘 알고 있는 사람은 아무리 뛰어난 업적이라도 결코 자랑하지 않는다. 순수하지 못한 인간이 순수한 마음을 가질 수 있는 유일한 길은 자신을 돌아보고 솔직하게 그 잘못을 인정하는 것이다. 이것이 바로 하나님이 원하시는 정직이다.

다윗은 밧세바를 범한 후에 자신을 돌아보는 기도를 드렸다. 시편 51편을 보면 그가 얼마나 철저하게 자신을 돌아보았는지 잘 나타나 있다. 나는 이 구절을 읽으면서 너무나도 분명한 다윗의 자기 성찰에 놀라움을 금할 수 없었다.

"나의 반역을 내가 잘 알고 있으며 내가 지은 죄가 언제나 나를 고발합니다(3절). 실로 나는 죄 중에 태어났고 어머니의 태중에 있을 때부터 죄인이었습니다(5절). 우슬초로 나를 정결하게 해주십시오. 내가 깨끗하게 될 것입니다. 나를 씻어주십시오. 내가 눈보다 더 희게 될 것입니다(7절). 아, 하나님! 내 속에 깨끗한 마음을 창조해주시고 내 속을 견고한 심령으로 새롭게 해주십시오(10절)."

다윗은 밧세바를 범한 죄를 통해 단순히 현재의 죄뿐 아니라 자신이 미처 인식하지 못했던 저 멀리 과거의 태중에서 지은 죄까지 고백하고 있다. 참으로 놀라운 고백이다. 철저히 자신을 돌아보는 모습이다. 자신의 존재론적인 문제까지 다가서면서 죄를 토로하는 다윗의 성찰은 보통 사람으로서는 따라가기 어려운 경지이다. 결국 자신의 죄악성이 지금의 죄를 범하게 했고 문제를 야기했다는 것이 다윗의 결론이다.

우리는 죄를 지으면 당장의 현재만 생각하고 자신의 깊은 내면을 들여다보지 않는다. 오히려 다른 사람을 탓하면서 죄를 전가하려는 나쁜 습성이 있다. 그러나 우리도 다윗처럼 기도하면서 드러난 죄뿐 아니라 그 죄의 뿌리와 근원까지도 살피는 진정한 성찰을 배워야 한다. 그럴 때 우리는 자신을 돌아보며, 지은 죄에서 완전히 벗어나는 온전한 회개의 삶을 살 수 있다.

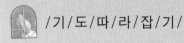

/기/도/따/라/잡/기/

주여, 이것이 만일 당신의 뜻이거든
당신의 뜻대로 이루어지게 하소서.

주여, 그렇게 되는 것이 당신을 영광되게 한다면
당신의 이름으로 그렇게 되게 하소서.

주여, 만일 당신께서 그것을 좋다고 보신다면
그것이 나에게도 유익하게 해주시옵고
나로 하여금 당신에게 영광되게
그것을 사용할 수 있도록 해주소서.

그러나 만일 그것이 나에게 해로울 것이고
나의 영혼의 건강에 유익하지 않을 것으로 보신다면
그런 소원은 어떤 것이든 나에게서 앗아가주소서.

– 토마스 아 켐피스

단순한 믿음을 가지고 기도하라

그리스도인의 기도가 이방인들이 하는 기도와 다른 점을 한 가지 들라면 '단순성'이라고 할 수 있다. 기도의 단순성은 오늘날 그리스도인의 기도의 특징을 잘 표현해준다. 말할 때 단순하게 말해도 되는 대상과 복잡하게 말해야 되는 대상이 있다. 어떤 사람에게 단순하게 말해도 되는가? 오랫동안 사귄 사람이다. 친밀할수록 더욱더 그렇다. 그냥 간단하게 말해도 상대방이 다 알아듣기 때문이다. 반대로 처음 만난 사람에게 간단하게 말하면 무슨 뜻인지 모른다. 잘못하면 오해를 받을 수도 있다.

이처럼 단순하게 말해도 되는 대상과 복잡하게 말해야 되는 대상을 올바로 구별하지 못할 때 대화에 실패하게 된다. 예를 들어 설명이 더 필요함에도 불구하고 그냥 간단하게 말해버리면 상대방을 혼란스럽게 한다. 모든 사람이 나와 생각이 같은 게 아니기 때문이다. 그러나 오랫동안 만난 사람은 마음까지 읽기에 눈빛만 봐도, 한마디만 해도 무슨 뜻인지 알 수 있다.

우리는 말을 많이 해야 기도에 능력이 나타나는 것처럼 생각한다. 오랫동안 내려온 미신문화의 영향 때문이다. 예를 들어 주문을 계속 외우면 신비한 힘을 발휘하게 된다고 믿는 것 등이다. 바알종교는 "바알이여!"를 무려 열 번이나 반복해서 부르짖는다. 이처럼 이방인의 기도는 말을 많이 하는 것과 오랫동안 기도하는 것과 깊은 관계가 있다. 그들과 그들의 신은 친밀한 사이가 아니기 때문이다. 친밀한 사이가 아닐 경우 오랫동안 끈질기게 구애를 해야만 응답이 온다. 상대의 열심과 정성을 보기 때문이다.

보험설계사가 사람들을 상대로 하는 가장 일반적인 영업방식은 지속적으로 방문하는 일이다. 그렇게 하다 보면 정도 들고 친한 사이가 되어 나중에는 미안해서라도 계약에 응할 수밖에 없다. 안타깝게도 하나님을 이와 같은 방식으로 대하는 사람들이 있다. 계속 끈질기게 매달리다 보면 하나님이 우리의 기도를 들어주실 것이라고 생각한다. 실제로 우리는 기도의 응답을 위해 시간을 많이 들여 오랫동안 말을 많이 하면서 기도한다. 물론 이 방법 자체가 문제가 되는 것은 아니다. 때로는 끈질기게 매달려서 기도해야 하나님이 들어주신다. 성경에도 그런 예가 나온다. 그러나 그것은 예수님이 우리에게 믿음의 문제를 거론하면서 비유로 들려주신 것이다.

아무래도 친밀한 관계가 형성되지 않았다면 위와 같은 방법을 사용할 수밖에 없다. 그러나 부부나 부모와 자녀처럼 친밀한 관계일 경우에는 사정이 다르다. 만약 이런 친밀한 관계에서도 계속 매달리고 반복하여 요구하면 지겹고, 심지어 관계까지 의심하게 된다. '믿지 못하기에 이러는 것 아닌가?' 라는 생각이 들 수 있다. 인격적인 관계가 형성된 경우 많은 말을 하지 않고 간단하게 말해도 된다. 어떤 경우는 굳이 말하지 않아도 상대방이 먼저 알아서 나의 요구를 들어주기도 한다. 부모와 자녀 관계도 이와 같다. 부모는 자녀들의 요구가 없을지라도 미리 알아서 필요한 것을 채워준다. 반드시 구한다고 주는 것이 아니다. 구하지 않아도 필요한 것을 공급해준다. 이 원칙은 기도에도 그대로 적용된다.

산상수훈 가운데 예수님이 제자들에게 기도를 가르치신 내용이 나온다. 그리스도인의 기도가 이방인의 기도와 어떻게 구별되어야 하는지를 알려주신 말씀이다. "또 기도할 때에 이방인과 같이 중언부언하지 말라. 그들은 말을 많이 하여야 들으실 줄 생각하느니라. 그러므로 그들을 본받지 말라. 구하기 전에 너희에게 있어야 할 것을 하나님 너희 아버지께서 아시느니라"(마 6:7-8).

그 후에 기도의 모범으로 주기도문(마 6:9-13)을 가르쳐주셨다. 주기도문은 매우 짧고 단순한 기도이다. 이렇게 단순한 기도는 아무에게나 적용되지 않는다. 가장 친밀한 부모와 자녀 관계에 해당된다. 관계가 형성되지 않은 상태에서는 그 깊은 의미를 알기 어렵기 때문이다. 주기도문은 내용적으로는 아주 간단한 기도이다. 그럼에도 그 속에 모든 내용이 다 들어 있는 기도 중의 기도이다. 표현이 간단하다고 해서 결코 간단한 것이 아니다. 단어 하나하나에 성경 전체의 내용이 들어 있을 정도로 심오하고 깊다.

그리스도인의 기도는 일반 사람들이 급할 때 무작정 "신이여!"라고 외치며 기도하는 것과는 근본적으로 다르다. 그리스도인의 기도는 아버지와 자녀 관계에서 나오는 기도이다. 우리를 창조하시고 구원하시고 보호하시는 하나님의 사랑 속에서 나오는 기도이다. 믿음과 신뢰를 전제로 한 기도이다. 이런 관계 속에서 하는 기도는 단순한 특징을 가지고 있다. 길게 나열하거나 설명하지 않는다. 간단하고 단순하다. 기도의 길이나 말의 양에 의해 응답이 좌우되지 않는다. 모든 것이 관계에서 결정된다.

우리는 단순한 기도에 익숙해질 필요가 있다. 간단하면서도 단순한 기도를 통해 핵심을 구하는 신뢰에 근거한 기도가 요구된다. 어떤 기도는 관계를 더욱 복잡하게 만든다. 마음에도 없는 화려한

미사여구를 사용하고, 의미 없는 말을 반복하면서 기도하는 행위는 근본적인 관계까지 흐리게 한다. 그러나 단순한 기도는 관계를 더욱 깊게 한다. 주님은 우리에게 단순한 기도를 가르쳐주셨다는 사실을 기억할 필요가 있다. 즉 기도를 통해 아버지와 자녀 관계를 맺기 원하신다는 뜻이다. 기도를 통해 무엇을 주고받고 거래하는 관계가 아니라 나의 것이 아버지 것이요, 아버지 것이 나의 것이 되는 관계가 확인되기 원하신 것이다.

나에게는 대학에 다니는 아들이 있다. 멀리 포항에서 대학을 다니는 관계로 학비 이외에도 필요한 생활비를 보내준다. 집에 있을 때처럼 일주일, 혹은 격주 단위로 준다. 그 이유는 넉넉하지 못한 생활 때문이기도 하지만 돈을 미리 한꺼번에 주면 전화할 일도 별로 없을 것이고, 그러다 보면 부모와 자녀 간의 거리가 멀어질까 염려해서다. 필요할 때 전화하면 그만큼의 금액을 보내준다. 나의 관심은 돈이 아닌 관계에 있다. 돈으로 인해 관계가 깨어질 수도 있지만 한편으론 돈으로 인해 관계가 더 돈독해질 수도 있다. 용돈이 필요하다고 말하면서 자연스럽게 부모와 자녀가 대화하게 되기 때문이다. 그렇지 못하면 한 학기 동안 만날 수 없는 상황이기에 대화가 끊어지기 쉽다.

나는 아들에게 생활비를 보낼 때마다 요구한 금액보다 조금씩 더 보낸다. 그것이 부모의 마음이다. 부모는 더 많이 주고 싶지만 사정이 여의치 않아 적게 보내는 것이 늘 마음 아프다. 그런데 더 마음을 찡하게 하는 것은 더 필요한 것이 있음에도 부모의 사정을 알고 있는 아들이 최소한의 금액을 원하면서 절약하려고 하는 모습을 볼 때이다.

나도 어릴 때 부모로부터 멀리 떨어져서 공부했다. 그때 나는 고생하시는 어머니를 생각해서 충분한 돈을 요구하지 못하고 늘 다소 부족한 금액을 요구했다. 이처럼 비록 만날 수 없지만 멀리서나마 부모와 자녀가 서로 안타까운 마음을 나누는 것은 다른 관계에서는 찾아볼 수 없는 특별한 정이다. 아들에게 음성으로, 아니면 휴대폰 문자 메시지로 간단하게 전하는 내용은 그 이상의 의미를 지니고 있다. 길게 말하지 않아도 마음이 그대로 전해진다. 그것은 태어날 때부터 20여 년 동안 지켜본 사랑으로부터 나오는 부모만의 저력이다.

하나님과 우리 사이도 이와 같다. 하나님과 그리스도인의 관계는 아버지와 자녀 관계보다 더 친밀한 영원한 사이다. 그렇다면 그 관계에서 나누는 대화가 어떠해야 할지에 관한 답이 나온다. 기도는 말 그 이상이다. 여전히 육체적인 말 수준에 머물러 있다면 그것은 아직 영적인 마음의 기도가 아니다. 육신의 관계로 맺어진 부모와 자녀간에도 마음의 교감이 이루어지는데 하물며 하나님과 우리 사이는 더하지 않겠는가?

말을 많이 하는지, 아니면 얼마 동안 시간을 가지고 기도하는지 등으로 기도를 평가하는 것은 이미 관계에 상당한 거리가 있음을 의미한다. 그런 의미에서 주기도문은 최고의 기도요 이방 사람들이 감히 흉내 낼 수 없는 하늘에 계신 아버지께 드리는 기도이다. 무작정 하늘에 대고 "오, 신이시여!"라고 외치는 기도와는 근본적으로 다른 기도이다. 오늘 당신은 어떤 기도를 하고 있는가? 하늘을 향해 "오, 신이시여!"라고 외치는 공허한 기도인가? 아니면 "하늘에 계신 우리 아버지여!"라며 아버지를 부르듯이 친밀하게 부르는 기도인가?

아직 단순하게 기도하는 것에 익숙하지 않다면 하나님과의 관계를 다시 한 번 살펴볼 필요가 있다. 기도는 관계에서 힘을 얻는다. 관계의 깊이에 따라 즐거움이 배가된다. 기도는 기도를 들으시는 대상인 하나님에 대한 믿음이 제일 중요하다. 하나님의 성품과 사랑을 얼마나 느끼고 체험하느냐에 따라 기도의 모습이 달라진다.

우리에게는 이상한 나쁜 습관이 하나 있다. 열심히 기도하면서도 여전히 걱정하는 것이다. 계속해서 불안해하고 두려워한다. 당신도 그렇지 않은가? 혹시 아직 하나님을 나의 아버지로 생각하지 않고 신뢰하지 못하기 때문은 아닐까? 예수님은 제자들이 여전히 불안한 상태임을 보시고 이렇게 말씀하셨다.

"그러므로 내가 너희에게 이르노니 목숨을 위하여 무엇을 먹을까 무엇을 마실까 몸을 위하여 무엇을 입을까 염려하지 말라. 목숨이 음식보다 중하지 아니하며 몸이 의복보다 중하지 아니하냐. 공중의 새를 보라. 심지도 않고 거두지도 않고 창고에 모아들이지도 아니하되 너희 하늘 아버지께서 기르시나니 너희는 이것들보다 귀하지 아니하냐. …믿음이 작은 자들아 그러므로 염려하여 이르기를 무엇을 먹을까 무엇을 마실까 무엇을 입을까 하지 말라. 이는 다 이방인들이 구하는 것이라. 너희 하늘 아버지께서 이 모든 것이 너희에게 있어야 할 줄을 아시느니라"(마 6:25-26, 30-32).

예수님의 말씀은 제자들뿐만 아니라 오늘날 우리에게도 그대로 적용된다. 복잡한 신앙은 우리를 불안하게 만든다. 염려와 걱정에서 벗어나지 못하게 한다. 반면 단순한 신앙은 걱정과 두려움을 이기게 한다. 오직 하나님 한 분만 바라보고 나아가면 신앙이 단순해진다. 그러나 하나님과 세상의 다른 것을 함께 바라보면 마음이 분열되어 복잡해진다. 기도가 복잡한 것도 바로 이런 걱정 때문이다.

어린 자녀들을 보라. 그들은 오직 아버지만 바라보고 산다. 그런 이유로 그들의 얼굴에는 걱정이 없다. 늘 웃음과 기쁨이 가득하다. 단순한 믿음은 오직 아버지만 바라보기 때문에 가능한 것이다. 그 단순함이 그들의 마음을 평화롭게 해준다. 우리도 어린아

이처럼 하늘에 계신 하나님 아버지만을 신뢰하고 그분께만 초점을 두자. 그러면 단순한 믿음으로 단순한 기도를 드릴 수 있을 것이다.

아버지를 부를 때는 일부러 꾸미거나 정교하게 추론된 논리나 설명이 필요하지 않다. 체면을 따지거나 눈치를 볼 필요도 없다. 장황한 말로 설득하지 않아도 된다. 단순히 마음을 다해 부르고 아뢰면 된다. 하나님을 아버지로 믿는 그 단순한 믿음으로 부르고 구하면 된다. 내가 말하기 전에 하나님은 이미 내가 무엇을 구하며, 무엇이 필요한지를 알고 계신다. 이런 관계 속에서 하는 기도는 편안하고 행복하다. 이제부터라도 이런 단순한 기도를 해보자. 단순한 기도의 습관을 들이자. 기도를 통해 얻게 되는 무한한 행복감을 누려보자.

이와 관련해서 전도서 기자는 우리에게 다음과 같이 교훈하고 있다. "너는 하나님 앞에서 함부로 입을 열지 말며 급한 마음으로 말을 내지 말라. 하나님은 하늘에 계시고 너는 땅에 있음이니라. 그런즉 마땅히 말을 적게 할 것이라"(전 5:2).

혹시 말로만 기도하려고 하지 않는가? 그렇게 되면 말을 많이 해야 할 것이다. 좋은 말을 찾아서 기도해야 한다는 생각이 나를 사로잡게 된다. 또 언제, 얼마나 기도해야 하는지 시간에 신경이 쓰일 것이다. 무슨 말을 해야 하나님의 마음에 들 수 있을까 하는 걱정이 생길 것이다. 그러다 보면 갑자기 머리가 복잡해지고 기도하는 것조차 힘들다는 생각이 들면서 부담감이 몰려온다. 부담 속에 남은 기도시간을 채우려고 할 것이다. 그렇게 기도시간을 채우면 얼마 동안은 위로가 되고 만족이 될 것이다. 그러나 시간이 지나면 또 기도하지 않은 것 때문에 불안감이 생기면서 피곤해질 것이다. 내가 지금 이와 같은 상태는 아닌가?

하나님은 인간의 말에 의해 움직이시는 분이 아니다. 우리의 마음과 중심에 의해 역사하시는 분이다. 이제부터 말로 기도하려고 하지 말고 관계 속에서 기도하도록 하자. 먼저 아버지와 긴밀한 관계를 확인하고 충만한 믿음을 달라고 기도하자. 그리고 그렇게 형성된 관계 속에서 자유롭게 기도하자. 그러면 진리가 우리를 자유롭게 하듯 기도가 우리를 자유하게 할 것이다.

무슨 말로 나의 모든 것을 다 알고 계신 그분을 설득할 수 있겠는가? 말 이상의 기도를 하자. 단순한 기도를 배워 말로 채울 수 없는 깊은 마음을 담자. 중심으로 기도하는 영의 기도를 체득하자. 기도하면 할수록 보이지 않는 하나님과의 관계가 더욱 깊어지는 기도를 하자. 짧지만 긴 기도를 하자. 간단하지만 많은 내용이 담긴 기도를 하자.

모세는 광야에서 2백만 명이 넘는 백성들이 고기를 달라고 울면서 불평하는 모습을 보고 너무나도 괴로웠다. 그 순간 그는 하나님께 다음과 같은 짧은 기도를 토해냈다. "책임이 심히 중하여 나 혼자는 이 모든 백성을 감당할 수 없나이다"(민 11:14). 그리고 이어서 기도했다. "주께서 내게 이같이 행하실진대 구하옵나니 내게 은혜를 베푸사 즉시 나를 죽여 내가 고난당함을 내가 보지 않게 하옵소서"(민 11:15).

　말 자체로만 보면 기도 같지 않은 기도이다. 그냥 불평이요 하소연이며 탄식이다. 그런데 하나님은 모세의 기도를 들으신 즉시 그 문제를 해결하셨다. 무슨 의미인가? 말보다는 그 마음의 기도를 들어주셨음을 뜻한다. 모세는 견디기 힘든 상황에서 자신의 마음을 그저 "죽여달라"는 말로 하나님께 전했다. 그러자 하나님은 그 기도에 응답하셨다. 단순하지만 참으로 놀라운 기도이다. 단순한 말 속에 자신의 모든 것을 담아 토해내는 절규의 기도이다. 모세처럼 한 마디에 자신의 모든 삶을 거는 기도를 해보자. 하나님은 그 기도의 의미를 아시고 들어주실 것이다.

/기/도/따/라/잡/기/

오, 진리의 주님이시여!
주님은 언제나 제 옆에 계십니다.
주님은 어딘들 저와 함께 가시지 않은 데가 있습니까?
주님은 제가 무엇을 명심하고
또 원해야 할지 가르쳐주시기 위해
행동을 같이 하십니다.

저는 모든 감각과 육신을 총동원하여
세상을 살피고 연구하였습니다.
그리고 나를 구원하는 생명에 관하여
깊이 생각해보았습니다.
이러한 생각은 나를 더욱 넓은
기억의 공간으로 인도하였고
그 기억의 공간은 아주 놀라울 정도로
크고 풍성하였습니다.

주님이 없이는 저는 여기서
아무것도 분별하지 못할 것입니다
그러나 어느 것도 주님이 아님을 깨달았습니다.
저 딴에는 제법 연구한답시고
그 모든 것을 등급대로 구별하고
평가하려고 애를 써 보았습니다.

그러나 저는 모든 것을
언제나 계시는 주님의 빛에 비추어 살펴보고
비로소 그것이 있는지 그것이 무엇인지
또 어떤 가치가 있는지
주님께서 가르치신 것이 무엇인지
그리고 주님께서 명하신 것이 무엇인지 알 수 있습니다.

제가 주님의 조언을 구하면서 생각해보는
이 모든 사물 가운데는
제 영혼의 쉴 곳은 하나도 없었습니다.
그곳은 오직 주님에게서 찾을 수밖에 없었습니다.

- 성 어거스틴

좋은 기도 습관은
인생을
축복으로 이끈다

좋은 기도 습관을 갖는 것은 기도 응답을 받는 데 절대적이다. 운동할 때 바른 자세로 해야지만 효과가 나타나 건강해지는 것처럼 영적 일인 기도 역시 좋은 기도 자세를 몸에 배도록 해야 한다. 기도도 한 번 배우면 평생 간다. 축복된 삶을 살고 싶은가? 그렇다면 좋은 기도 습관으로 기도의 영역을 넓히고, 기도의 참 기쁨을 느끼는 게 중요하다. 좋은 기도 습관을 익혀 기도의 깊이를 체험하는 것이 중요하다.

세상에서 말하는 기도 방법이 아닌 성경이 가르치는 기도 방법을 터득해서 생활에 적용한다면 기도를 통해 놀라운 변화와 축복이 주어질 것이다. 우리는 그동안 기도 방법을 배울 때 성경적인 방법을 따르기보다는 오랫동안 내려온 전통적인 방법이나 선배들의 모습을 닮아갔다. 물론 긍정적인 면도 있었지만 잘못된 기도 방법에 익숙해져 나쁜 습관으로 자리 잡은 경우가 더 많았다.

그러기에 이제부터라도 성경에 근거한 옳은 기도 방법을 배워 우리의 삶에 좋은 기도 습관이 자리 잡도록 해야 한다. 좋은 자세가 몸을 건강하게 하듯 좋은 기도 습관을 가지면 기도의 깊이를 체험함으로써 하나님의 더 큰 은혜를 경험하게 된다. 만약 좋지 못한 기도 습관이 있다면 이번 기회에 고쳐보자. 처음에는 익숙하지 않더라도 반복해서 따라하면 어느새 기도하는 것이 즐거워지고 더불어 우리의 삶도 윤택해질 것이다.

"은밀한 기도의 골방은
피비린내 나는 전장이다.
거기에서는 격렬하고 결정적인 전투가 벌어지며,
고요하고 외로운 가운데 시간과 영원을 향한
영혼의 운명이 결정된다."
- O. 할레스비

말씀을 붙잡고
기도하라

그리스도인의 기도가 다른 종교에서 행하는 기도와 다른 점은 그 냥 아무 때나 내가 하고 싶은 대로 기도하는 것이 아니라 말씀에 따라 기도한다는 점이다. 세상에는 많은 말이 있다. 그러나 우리 는 그 말 때문에 실족당하고 배신당하고 무서워한다. 인간들이 서 로 나누는 말 중에는 믿지 못할 거짓된 말들이 많다. 실제로 그 말 대로 했다가 낭패를 당한 사람들도 있다. 그래서 절대로 다른 사 람의 말을 듣지 않겠다고 다짐하는 사람들까지 생겨났다. 이처럼 사람의 말은 신뢰하기 어렵다. 그럼에도 믿을 수밖에 없는 처지에 서는 배신을 당할 때 당하더라도 그 말을 믿고 살 수밖에 없는 것이 현실이다.

대화는 말을 통해 이루어진다. 그런데 그 말을 신뢰할 수 없다면 대화는 오래가지 못하고 진전이 없을 것이다. 사람들은 대화를 원하지만 믿음을 줄 만한 말이 적다는 데 인간의 딜레마가 있다. 말로 몇 번 속임을 당하면 그다음부터는 대화를 거부하게 된다. 현재도 이런 상처 속에 사는 사람들이 수없이 많다. 오늘날 대화의 부재는 모두 뿌리 깊은 불신과 관계가 있다.

그러나 그리스도인에게는 소망이 있다. 영원히 믿고 신뢰할 수 있는 하나님의 말씀이 있기 때문이다. 말씀은 우리를 저버리지 않는다. 한 번 하신 하나님의 말씀은 변하지 않고 반드시 성취된다. 성경은 세상의 말을 의지하지 않고, 하나님의 약속의 말씀을 믿고 의지하면서 살았던 사람들의 이야기다. 성경은 하나님이 하신 약속은 반드시 성취된다는 것을 말씀하고 있다. 잘 알다시피 구약은 약속이며 신약은 성취이다. 그런 의미에서 성경은 약속과 성취의 기록이다.

세상에는 많은 기도들이 있다. 그중에서 가장 좋은 기도는 무엇일까? 한 가지만 고른다면 단연코 말씀을 붙잡고 하는 기도라고 할 수 있다. 그 이유는 하나님이 하신 약속의 말씀을 붙잡고 기도하면 반드시 이루어지기 때문이다. 당장 이루어지지 않더라도 시대가 바뀐 후에라도 틀림없이 응답된다. 기도한다고 모든 게 다

즉시 이루어지는 것은 아니다. 약속에 근거한 기도만이 응답된다. 즉 나의 기도가 응답되는 것이 아니라 말씀이 응답됨을 뜻한다.

간혹 자기의 기도가 응답되었다고 자랑하는 사람들이 있다. 하지만 엄밀히 말하면 그 어떤 기도도 나의 기도가 응답된 것은 없다. 결국은 하나님의 말씀이 성취된 것이다. 나의 기도 응답은 하나님의 약속 안에서 이루어진 응답이지, 결코 인간의 독자적인 뜻이나 생각이 이루어진 기도의 응답은 아니다.

우리 주 예수님도 자기의 뜻을 이루려고 오신 것이 아니라 오직 하나님의 뜻을 이루기 위해 오셨다고 말씀하셨다. 이 말씀은 예수님의 기도가 전적으로 하나님의 뜻에 맞는 약속에 근거한 기도였음을 의미한다. 그러기에 우리 기도의 최종 목표 역시 하나님의 약속을 이루는 게 되어야 하지 않겠는가? 이런 대전제를 벗어난 기도는 별의미가 없다. 약속과 관계없는 기도는 세상에 많다. 하나님은 이와 같은 기도에 관심을 두지 않으신다.

그렇다면 우리는 어떤 기도 습관을 가져야 할까? 당연히 말씀을 붙잡고 하는 기도 습관이다. 말씀을 붙잡고 하는 기도가 능력 있는 기도이다. 이제부터라도 이것을 훈련하고 우리 삶에 익숙하게 배도록 해야 한다. 모든 교회가 이런 기도 방법을 훈련하고 자리 잡게 해야 한다. 시편 기자는 "여호와의 율법을 따라 행하는 자들은 복이 있음이여"(시 119:1)라고 했다. 무엇이 복된 기도인가? 어떻게 기도해야 인생의 축복을 받을 수 있는가? 하나님의 말씀을 따라 행하고 그 말씀에 따라 기도하는 것이다.

그런데 이것이 우리에게는 조금 어색한 게 사실이다. 왜 그럴까? 처음부터 말씀에 따라 기도하는 훈련을 하기보다는 기도회나 기도원에서 하는 모습을 보면서 기도를 배웠기 때문이다. 그 결과 기도하려고 하면 제일 먼저 우리 주위에서 기도하는 사람들을 떠올리게 된다. 그런데 그들의 모습은 거의 외형적인 형태에 머문다. 그로 인해 그들로부터 기도의 본질을 배우기보다는 부수적인 기도의 방법과 열심 등을 배우고, 결국에는 그것을 따라하게 된다. 며칠 동안 금식 기도를 한다든지, 오랫동안 열심히 부르짖으면서 기도한다든지, 매일 몇 시간씩 어디서 기도한다든지 하는 등 말이다. 예를 들면 누군가가 "365일 동안 철야하면서 기도하면 틀림없이 나처럼 응답 받는다"고 말하면 귀가 솔깃해진다. 그러면서 실제로 이부자리를 교회로 옮겨 일 년 동안 철야하면서 그 사람처럼 응답 받고자 열망하게 된다.

이처럼 희생을 각오하고 기도하면 원하는 목표를 얻을 수 있다는 결과론에 이끌려 기도하는 사람들이 많다. 기도시간을 얼마나 투자하느냐에 따라 그 목적이 이루어진다는 목적 중심의 기도가 그동안 우리 가운데 주로 자리 잡은 기도 방법이다.

물론 때로는 이런 기도 방법과 목적도 필요하다. 위급한 상황일 때는 식음을 전폐하고 금식하면서 사생결단의 심정으로 기도할 수 있다. 그러나 그보다 더 중요한 것은 기도의 본질적인 내용이다. 그 본질에 관한 의식이 희박하다 보니 주변적인 기도의 방법에만 익숙할 뿐 좀처럼 기도의 핵심에 들어가지 못한다. 스스로 자유하지 못하고 다른 사람의 기도 방법에 구속된다. 그러다 보니 자연히 성공한 사람의 기도 방법을 모델로 삼아 따라하는 경우가 많다. 성경에 나오는 인물들의 기도 방법보다는 원하는 결과를 창출한 사람들의 기도 방법에 더 매력을 느낀다. 예수님과 베드로, 바울의 기도 방법보다는 세상의 현장에서 기적적인 결과를 이루어낸 방법이 우리에게 더 익숙한 습관으로 형성되는 경우가 더 많다.

심지어 어떤 것은 분명히 비성경적인 방법임에도 불구하고 의심 없이 거의 진리처럼 받아들여 자신에게 적용하기도 한다. 기도 자체보다는 목적을 달성한 결과 때문에 그 방법에 더 마음이 간다. 그런 의미에서 그동안 우리의 기도를 전반적으로 검토해볼 필요가 있다. 비성경적인 기도 모습을 걸러내는 작업에 관심을 두고 조금씩이나마 실행해야 한다. 예수님이 그동안 익숙한 유대적인, 또 이방적인 기도의 모습을 염두에 두고 제자들에게 주기도문으로 기도를 새롭게 가르치신 것처럼 우리 속에서도 기도의 갱신이 일어나야 된다.

기도의 갱신을 위해 필요한 일은 말씀으로 기도하는 것이다. 처음부터 말씀을 통해 기도하는 법을 배워야 한다. 그렇지 않으면 자기 생각과 마음으로 그저 열심히 기도하게 된다. 이런 기도 방법은 지난 5천 년 동안 우리의 전통 문화 속에 깊숙이 뿌리 박혀 있던 이방적인 모습이다. 성경을 통해 기도의 정의를 새롭게 하지 않으면 예수님을 믿기 이전에 가졌던 익숙한 기도 방법과 습관들이 그대로 남아 문제를 일으킬 수 있다.

그리스도인의 기도는 나의 마음과 생각으로 결정되는 것이 아니다. 기도의 제목을 정하는 것도 마찬가지다. 그럼에도 지금 우리의 모습을 보면 많은 경우 잘못된 기도생활을 하고 있다. 성경에서 기도 제목이 나와야 함에도 불구하고 실제로는 그렇지 못하다. 말씀에서 기도 제목이 나오려면 기도하기 전에 말씀 앞에 서는 것이 순서이다. 이제부터는 나의 목적과 소원을 붙잡고 기도하는 것이 아니라 하나님이 주신 약속의 말씀을 붙잡고 그 안에서 나의 소원을 발견하고 기도하는 방식으로 전환해야 한다. 처음부터 이런 기도 습관이 길들여진다면 우리는 상상 이상의 놀라운 응답을 누리게 될 것이다.

사실 말씀을 따라 기도하는 방법은 결코 새로운 것이 아니다. 이미 성경 속 사람들은 이렇게 기도했다. 다윗이 행한 시편의 수많은 기도들이나 하박국, 다니엘, 느헤미야 등의 기도를 보면 철저히 말씀에 따랐다. 그들은 철저히 토라(모세오경)에 근거해 기도했다. 그들에게 토라를 떠난 기도는 무의미했다. 이러한 성경의 전통을 그대로 이어받은 유대인들의 기도를 보면 더욱 분명해진다. 지금까지도 유대인들은 탈릿의 귀퉁이에 달려 있는 찌찌트를 한 손으로 붙잡고 기도한다. 찌찌트는 말씀(613개의 계명)을 의미하는 것으로 곧 기도는 말씀을 붙잡고 해야 함을 나타낸다.

오래전부터 믿음의 선배들이 이것을 나름대로 방법으로 만들어 기도한 것이 있는데, 바로 '렉치오 디비나'(lectio divina)이다. 이것은 렉치오(lectio, 성경을 읽는다)와 메디타티오(meditatio, 성경을 묵상한다), 오라티오(oratio, 성경으로 기도한다)와 콘템플라티오(contemplatio, 성경대로 산다) 등 네 가지 요소로 이루어져 있다. 흔히 '영적 독서'라고도 불린다. 즉 성경을 읽으면서 기도하고, 기도한 대로 살아가는 방법이다. 개신교에서는 조금 생소하지만 오래전부터 가톨릭 수도사들이 주로 행해온 기도 방법이다. 말씀과 기도의 일치를 이룬다는 점에서 큰 의미를 지니고 있다.

그리스도인이 축복받는 비결은 말씀대로 사는 것이다. 축복은 말씀과 관계가 있다. 말씀과 관계없이 오는 복은 축복이 아니다. 진정한 축복은 언제나 말씀대로 행할 때 찾아온다. "네가 네 하나님 여호와의 말씀을 삼가 듣고 내가 오늘 네게 명령하는 그의 모든 명령을 지켜 행하면 네 하나님 여호와께서 너를 세계 모든 민족 위에 뛰어나게 하실 것이라. 네가 네 하나님 여호와의 말씀을 청종하면 이 모든 복이 네게 임하며 네게 이르리니 성읍에서도 복을 받고 들에서도 복을 받을 것이며 네 몸의 자녀와 네 토지의 소산과 네 짐승의 새끼와 소와 양의 새끼가 복을 받을 것이며 네 광주리와 떡 반죽 그릇이 복을 받을 것이며 네가 들어와도 복을 받고 나가도 복을 받을 것이니라"(신 28:1-6).

축복받는 기도 역시 말씀과 관계를 맺을 때이다. 기도한다고 무조건 복을 받는 것이 아니다. 자기의 정욕을 위해 구하면 기도해도 축복을 받지 못한다. 말씀대로 구할 때만 하나님의 축복이 임한다. 기도할 때 이 원리를 꼭 기억해야 한다. "그를 향하여 우리가 가진 바 담대함이 이것이니 그의 뜻대로 무엇을 구하면 들으심이라"(요일 5:14).

말씀대로 기도하면 우리에게 축복이 다가온다. 기도는 말씀대로 행하는 삶 중에 하나이다. 말씀을 실천하는 것이 곧 기도이다. 그런 의미에서 말씀을 붙잡고, 말씀에 따라 기도하는 습관은 좋은 습관이다. 말씀을 붙잡고 하는 기도는 곧 말씀을 이루는 일이 된다. 이제부터라도 나의 생각대로 기도하는 데서 벗어나 말씀을 가지고 기도하는 훈련을 한다면 나의 삶의 많은 면에서 변화가 일어날 것이다.

기도의 위인들은 일찍이 이런 축복받는 기도의 비결을 알았다. 그 비결을 적용해서 실제로 많은 응답을 받았다. 5만 번 이상 기도 응답을 받은 조지 뮬러는 말씀과 기도의 균형을 잡은 사람이다. 뮬러는 기도의 사람인 동시에 또한 말씀의 사람이었다. 그는 다른 어떤 책보다 성경을 가장 많이 읽고 묵상했다. 특히 생애의 마지막 20년 동안 무려 100번 이상 성경을 묵상했다. 그는 전 생애 동안 성경을 200번 이상 읽었다. 90세가 넘어 죽음이 임박한 순간에도 성경 읽는 일을 쉬지 않았다. 예를 들어 뮬러가 고아원을 세울 때 했던 기도의 기초가 되었던 말씀은 "네 입을 크게 열라. 내가 채우리라"(시 81:10)였다. 어려운 일을 당할 때마다 성령께 의지하게 했던 성경 구절은 "만군의 여호와께서 말씀하시되 이는 힘으로 되지 아니하며 능력으로 되지 아니하고 오직 나의 영으로 되느니라"(슥 4:6)였다. 수확의 원리를 깨닫게 해준 말씀은 "이것이 곧 적게 심는 자는 적게 거두고 많이 심는 자는 많이 거둔다 하는 말이로다"(고후 9:6)였다.

뮬러는 고아원을 운영하는 동안 늘 고아원의 경영주가 하나님이심을 깨닫고 그분께 모든 일을 맡겼다. 그때마다 묵상하면서 힘을 얻고 기도했던 말씀이 "너의 행사를 여호와께 맡기라. 그리하면 네가 경영하는 것이 이루어지리라"(잠 16:3)였다. 또 뮬러가 낙심하지 않고 오래 기도하도록 도와준 능력의 말씀은 "우리가 선을 행하되 낙심하지 말지니 포기하지 아니하면 때가 이르매 거두리라"(갈 6:9)였다. 뮬러는 세계에서 제일가는 고아원을 세워 죽을 때까지 무려 15만 명의 고아들을 오직 말씀과 기도로 먹여 살렸다. 60년 동안 무려 150만 파운드의 후원이 들어와 주님의 뜻을 이루는 데 사용되었다. 이처럼 그는 기도를 통해 인간의 힘으로는 불가능한 하늘의 기적을 누렸다.

기도를 통한 하나님의 놀라운 축복을 경험하고 싶은가? 기도하기 전에 성경에서 약속의 말씀을 찾으라. 그 말씀을 붙잡고 기도하면 힘이 생긴다. 내가 기도하는 것이 아니라 말씀이 나로 하여금 기도하게 함을 경험하게 된다. 인내하고 기다리면서 끝까지 기도하게 하는 것은 나의 의지가 아니라 말씀이다. 진정 기도에 성공하고 싶은가? 평소에 성경을 많이 읽고 묵상하라. 그로 인해 내가 기도하는 것이 아니라 마음에 새겨진 말씀이 계속적으로 기도하게 하라. 이것이야말로 기도를 쉽게 이루는 비결이다.

정해진 시간과 장소에서
기도하라

'기도에 과연 외적인 형식이 필요할까?' 라는 의문을 갖는 사람들이 있다. 그것은 기도의 깊이를 몰라서 하는 말이다. 내용을 위해 형식은 반드시 필요하다. 형식이 없으면 내용이 변질되기 쉽다. 내용을 보존하기 위해 일시적으로라도 형식이 필요하다. 마치 사람의 영혼을 위해 몸이 필요한 것과 같다. 몸이 망가지면 영혼까지 피폐해진다. 이것은 우리가 늘 경험하는 일이다. 몸과 영혼이 모두 필요하다. 물론 몸보다 영혼이 더 가치 있고 영원하다. 그러나 같은 몸이라도 부활하는 몸은 가치가 더 있다.

형식은 변하고 상황에 따라 달라질 수 있다. 그러나 내용을 위해 형식은 절대적으로 필요하다. 인간의 쉼을 위해 안식일이라는 법이 필요하다. 그러나 안식일 법이 인간의 쉼을 방해하는 경우라면 그 안식일 법은 새롭게 변화되어야 한다. 우리는 이것을 '갱신'이라고 말한다. 내용은 변하지 않지만 형식은 변해야 한다. 형식이 변하지 않으면 나중에는 내용이 변한다. 그런 의미에서 내용과 형식은 그 역할은 다르지만 서로 상호적이다. 이 두 가지를 얼마나 잘 조화시키느냐가 관건이다. 예를 들어 율법주의자도 문제이지만 무율법주의자도 문제이다.

형식은 하나의 과정으로 일시적이며 본질을 잘 보존하고 새롭게 발전시켜 나가는 훈련적인 의미가 있다. 이것은 영적인 생활에도 그대로 적용된다. 영적인 생활이라고 해서 결코 육을 무시하는 것이 아니다. 영적인 단어는 영만을 의미하는 것이 아니라 육까지 포함하는 총체적인 단어이다. "너희 몸을 하나님이 기뻐하시는 거룩한 산 제물로 드리라. 이는 너희가 드릴 영적 예배니라"(롬 12:1).

영적생활을 위해서는 일차적으로 보이는 형식에 관한 훈련이 필요하다. 처음부터 보이지 않는 영으로 나아가기는 어렵기 때문이다. 눈에 보이지 않는 것을 보기 위해서는 보이는 것을 통과해야 한다. 기도 훈련을 위해 먼저 시간과 장소를 정하고 그 규칙에 따라 나의 삶을 바꾸어 나가면 된다. 본질을 위해 일시적으로 형식을 사용하는 것이다.

오늘날 많은 사람들이 정기적이고 공식적인 기도의 필요를 느끼지 않는다. 그들은 "기도하고픈 영감이 느껴질 때, 내게 기도가 의미 있을 때 기도한다"라고 말한다. 그러나 그들은 기도의 목적과 태도에서 중요한 사실을 간과하고 있다. 기도의 목적은 나의 삶에서 하나님에 대한 자각과 하나님의 역할을 증대시키는 것이다. 만약 내가 영감을 느낄 때, 곧 내가 기도하고 싶을 때만 기도한다면 하나님에 대한 자각을 증대시킬 수 없다. 내가 기도하고 싶을 때만 하는 것은 인본주의다. 기도를 인간 중심으로 하는 것이다. 기도의 주체를 하나님이 아니라 나로 만들려는 악한 행위이다.

한 번 생각해보자. 내가 하고 싶지 않을 때는 기도할 필요가 없다는 의미가 과연 옳은 것인가? 느끼는 대로 하고, 생각하는 대로 행하는 현대인의 악한 심성에 편승하는 것이다. 어떤 경우에는 하고 싶지 않아도 반드시 해야 하는 경우가 있다. 인간은 죄인이기에 부족하기 그지없다. 훈련이 필요하면 시간을 내서라도 해야 한다. 그렇지 않으면 인간은 천성적으로 게으르기에 하고 싶지 않게 된다. 이것은 공부, 운동, 연주, 집필 등 모든 일에 적용된다. 물론 기도도 마찬가지다. 하기 싫어도 시간을 정해 기도하고, 예배에 참석해서 기도하면 생각하지 못한 하나님의 은혜를 경험하게 된다. 언제 어디에서 하나님의 은혜가 임할지 모르기에 나의 시간을 비워두고 가능한 기도시간을 규칙적으로 갖는 것이 중요하다. 하나님의 은혜를 진정 사모하고 필요로 한다면 더욱 그렇다.

그런 의미에서 정해진 시간과 장소에서 기도하는 습관은 매우 중요하다. 그러나 어느 누구도 처음부터 좋은 기도 습관을 갖는 것은 불가능하다. 혹자는 이렇게 말할 수 있다. "특정한 시간과 장소를 못 박아 두고 기도하면 형식적이고 율법적이 되지 않겠는가? 그렇게 되면 유대인들처럼 한정적이고 틀에 박힌 기도생활이 되어 생기가 없지 않겠는가?" 물론 그렇게 될 수도 있다. 형식과 규칙을 정하면 어느 순간에 그 안에 갇혀 형식과 규칙의 노예가 될 위험이 있다. 우리는 이것을 경계하고 조심할 필요가 있다. 예수님도 유대인들의 신앙이 형식적인 습관으로 나아가는 것에 관해 날카롭게 지적하셨다.

그럼에도 예수님은 이른 아침에 일어나 아버지께 기도하는 습관을 지키셨다. 살아 있는 교제를 위해 따로 시간을 정하는 기도 습관을 가져야 함을 아셨다. 기도시간을 규칙적으로 가지면 다른 것들에 의해 방해받지 않아서 좋다. 사실 이런 결단을 하는 것은 쉬운 일이 아니다. 장소 역시 구별해 준비하고 정하는 것이 좋다. 구약에서 하나님을 예배하는 성전이 필요했던 것은 우연이 아니다.

누가복음 22장 39절을 보면 예루살렘에 계셨던 예수님께는 감람산 겟세마네 동산이 익숙한 장소였음을 알 수 있다. 그곳은 때때로 예수님과 제자들이 함께 모이던 곳이었다(요 18:2). 예수님이 최후의 만찬을 하시고 마지막으로 기도하셨던 곳도 겟세마네 동산이었다. 유다가 병사들을 그곳으로 안내할 수 있었던 것도 평소에 자주 갔던 장소였기에 가능했다.

바벨론에 포로로 잡혀 갔던 다니엘은 일정한 시간과 장소를 정해 놓고 기도했다. 다리오 왕이 조서를 내려 자신 이외에 누구에게도 예배하지 못하게 했을 때도 다니엘은 여전히 '전에 행하던 대로' 기도를 쉬지 않았다. "다니엘이 이 조서에 왕의 도장이 찍힌 것을 알고도 자기 집에 돌아가서는 윗방에 올라가 예루살렘으로 향한 창문을 열고 전에 하던 대로 하루 세 번씩 무릎을 꿇고 기도하며 그의 하나님께 감사하였더라. 그 무리들이 모여서 다니엘이 자기 하나님 앞에 기도하며 간구하는 것을 발견하고"(단 6:10-11).

다니엘은 평소에 기도시간과 장소를 정해 놓고 있었다. 그런 기도 습관이야말로 다니엘을 능력 있게 만든 요인이었다. 그렇게 훈련된 다니엘은 이방 나라에서 아무것도 없이 혈혈단신으로 오직 하나님을 의뢰하며 하나님이 주시는 지혜 하나로 총리까지 올랐다. 평소 정해진 습관에 따라 행한 영적 훈련이 놀라운 힘을 발휘한 것이다. 이처럼 기도할 때 정해진 시간과 장소를 정해 훈련하는 것은 모두에게 필요하다. 방법이 절대적인 것은 아니지만 방법 없이는 훈련이 제대로 이루어지지 않는다.

유대인들은 올바른 시간에 기도해야 하듯이 올바른 장소에서 기도해야 한다고 믿었다. 유대 세계에 강력한 영향을 미쳤던 랍비들은 특별히 기도 장소에 관해 준엄하게 가르쳤다. "회당에서 할 때에만 하나님이 인간의 기도를 들으신다." "기도 장소를 정하는 자마다 아브라함의 하나님을 자기 구조자로 모시게 된다."

이처럼 유대인들은 누구나 기도의 전용 장소를 지녀야 했다. 이 것은 수천 년 동안 내려온 전통이었다. 오늘날 반드시 성전 기도나 회당 기도를 고집하지는 않지만 대부분 지정된 장소에서 기도하는 것을 요구한다. 사도행전에 나오는 베드로와 요한이 미문에서 지체 장애인을 고친 사건도 기도시간인 오후 세 시에 성전으로 기도하려고 들어가기 위한 때에 일어났음을 볼 때 제자들도 전통의 영향을 받았음을 알 수 있다.

유대인들은 하루에 세 번씩 고정적으로 기도했다. 우리의 시간 개념으로 하면 오전 아홉 시와 정오, 그리고 오후 세 시다. 그런데 이런 그들에게 묘한 버릇이 있다. 사물이나 현상의 기원을 멀리 소급시키기를 좋아하는 것이다. 그들은 이것으로부터 어떤 권위를 끌어내는 데 남다른 재주를 지니고 있다. 이를테면 유대인들은 아침 기도를 아브라함이 시작했다고 가르친다. "아브라함이 그 아침에 일찍이 일어나 여호와 앞에 서 있던 곳에 이르러"(창 19:27). 그런가 하면 오후 세 시에 드리는 저녁 기도는 야곱이 시작했다고 주장한다. "한 곳에 이르러는 해가 진지라. 거기서 유숙하려고 그곳의 한 돌을 가져다가 베개로 삼고 거기 누워 자더니"(창 28:11).

이처럼 유대인들은 기도의 권위를 족장들의 권위에 두었다. 기도란 그만큼 뿌리 깊은 것이며 권위 있는 것이라는 의미이다. 이런 이스라엘의 전통은 후손들을 통해 꾸준히 이어져 내려왔다. 족장의 전통을 소중하게 여기는 그들의 특징 때문이다. 다윗도 "저녁과 아침과 정오에 내가 근심하여 탄식하리니 여호와께서 내 소리를 들으시리로다"(시 55:17)라고 했다. 다윗처럼 평소에 기도하는 습관을 가진 사람들은 어려울 때도 어김없이 자연스러운 습관에 따라 하나님께 기도했다. 이것이 바로 습관이 가진 위력이다. 습관 없이 갑자기 기도하기란 어렵다.

이런 전통은 초대교회에도 계속 이어져 오늘날까지 우리의 기도지침이 되었다. 특히 시간과 장소를 정해 기도하는 일은 아직 기도 훈련이 되어 있지 않은 사람에게는 매우 중요하다. 어린이와 청소년들이 주일에 교회에 가서 예배하고 기도하고 말씀을 공부하는 습관은 좋은 것이다. 어려운 상황에서도 기도할 수 있는 것은 평소에 훈련된 기도 습관 때문이다. 주일과 수요일, 금요일, 매일 새벽에 드리는 예배와 기도는 모든 교회가 공통적으로 갖는 예배와 기도의 정해진 습관이다.

그렇다면 나만의 정해진 기도시간이 있는가? 나만의 구별된 기도하는 성소가 있는가? 아직 정해지지 않았다면 개인적으로 시간과 장소를 정해보자. 기도가 일상화되기 전까지 적어도 정해진 시간만큼이라도 기도에 힘쓰자. 하루는 24시간이다. 이 모든 시간에 어디서든지 항상 기도한다는 것은 보통 사람으로서는 어렵다. 그러나 정해진 시간과 장소를 통해 기도에 힘쓰는 것은 가능하다. 주일에 교회에 나가 한 시간 예배하며, 매일 새벽에 정기적으로 30분 동안이라도 기도하는 그 시간은 나의 영적생활을 생기 있게 해줄 것이다. 이런 귀한 시간을 가져보자.

물론 그 안에만 계속 머물러 있으면 자칫 고착화되고 형식적인 신앙으로 빠질 위험이 있다. 그러나 일상으로 나아가기 위해서는 절대적으로 특별한 시간이 필요하다. 아직도 세상적인 삶에 매여 있고 그것에 익숙한 사람에게는 더욱더 이런 시간이 요구된다. 한 걸음씩 전진해 나간다면 언젠가는 나도 무시로 모든 곳에서 기도하게 되는 그런 날이 올 것이다.

이제라도 실천 가능한 시간과 장소를 정해 기도에 힘쓰자. 따로 한적한 시간을 갖자. 휴가 때나 여가시간이 생길 때 집중적으로 기도하는 시간을 가질 수도 있다. 조금씩 시간을 넓혀가면서 특별한 시간만이 아니라 점차 일상의 시간으로 나아간다면 하나님과 좋은 관계가 될 것이다.

일상 속에서
기도하라

기독교 전통이 오래된 유럽 사람들이 한국교회를 보면서 대단하게 생각하면서도 한편으론 이상하게 여기는 것이 있다. 바로 특별한 시간에 많은 사람들이 모여 기도하며 예배드리는 광경이다. 예를 들어 한국교회에는 세계에서 찾아볼 수 없는 새벽에 기도하는 전통이 있다. 새벽에 일어나 기도하는 일은 동양문화와 연관되어 있기에 서양 사람들과 달리 우리에게는 매우 익숙하다.

특별 새벽기도회는 대부분의 한국교회들이 연례행사처럼 해마다 정기적으로 20~40일 정도 한다. 일부 교회들은 주변이 불야성을 이루어 새벽 3시부터 교회 주위가 북적대기도 한다. 심지어 1부, 2

부, 3부로 나누어 드리는 데도 있다. 교회에서 멀리 떨어져 사는 사람들은 새벽 2~3시에는 집에서 나와야 본 교회 새벽 기도시간에 맞출 수 있다. 외국 사람들이 볼 때는 대단한 광경이면서도 한편으론 쉽게 이해하기 어려운 장면이다.

이 진기한 모습을 보려고 종종 시찰하러 오는 외국 교회들도 있다. '도대체 잠은 언제 자고 이렇게 많은 사람들이 모여 기도하는가?' 라고 생각하면 이상할 만도 하다. 기도의 중요성 면에서 생각하면 참으로 놀라운 열정이다. 한국교회가 그토록 어려운 여건 속에서도 성장하고 발전한 것은 이런 기도의 열정 때문이라고 할 수 있다. 특히 영적 훈련이라는 측면에서 보면 이것은 반드시 필요한 일이다. 기도시간을 내기 어려운 현실에서 잠을 줄여 기도하는 것은 자기부인이 없이는 힘들다. 이러한 새벽기도는 한국교회의 영적 능력을 강하게 만든 원동력이었다.

그러나 다른 각도에서 보면 기도가 아직 일상화되지 못했음을 의미하기도 한다. '그렇게 밤에 잠을 자지 않으면 어떻게 일할 수 있을까?' 라는 의문이 생긴다. 과연 그들은 낮에 어떻게 살아갈까? 사실 새벽에 일찍 일어나 기도하는 것이 습관화되기 전까지는 낮 생활이 무척 힘들다. 어차피 모자란 잠을 어디서든지 보충해야 하는 것이 인간의 몸 아닌가? 새벽에 기도하는 것은 집중력이 높은 시간이기 때문이다. 기도하기에 좋은 시간이다.

유럽 사람들은 특별한 시간에 하는 기도보다는 일상 기도가 더 보편화되어 있다. 그들의 기도는 삶 속에 배어 있다. 오랫동안 기독교 전통 속에서 살아왔기 때문이다. 겉보기에는 기도하지 않는 것 같지만 생활 속에서 기도하는 경우가 잦다. 그런 의미에서 한국교회의 기도 잣대로 함부로 그들의 기도 삶을 평가하는 것은 아무래도 무리이다. 그들은 일상생활 자체가 기독교적이다. 일하고, 먹고, 쉬고, 교제하고, 함께하는 것 모두가 신앙생활이다. 그런 점에서 한국과 많이 비교된다. 우리는 일상 신앙이 약하다. 특별한 시간에는 대단한데 일상 속으로 돌아가면 실망스러운 부분이 많다. 주일 예배를 드리는 교회에서는 신앙의 열기가 대단한데 직장 속에서 살아가는 모습에서는 열정적인 신앙을 찾기가 쉽지 않다. 결국 한국교회는 아직도 일상화로 가는 과도기에 있다고 할 수 있다.

반면 유럽교회는 풍성했던 신앙의 일상화가 점차 세속화로 흘러 열정과 순수한 신앙이 사라지고 있다. 내용이 충만해지면서 형식이 사라져야 하는데 내용도 없으면서 형식이 사라지다 보니 신앙의 본질이 허약해지고 말았다. 이유가 무엇일까? 정기적인 예배와 기도회 등을 통한 특별 훈련이 사라졌기 때문이다. 특히 이 훈련은 자라나는 세대에게 필수적인데 이 훈련을 거치지 않고 바로 기성세대의 일상 신앙으로 들어가다 보니 그만 본질을 잃어버림으로써 교회가 쇠퇴하는 상황을 맞게 된 것이다. 신앙의 특별함과 일상의 조화를 이루지 못한 결과이다. 그런 의미에서 유럽은 오늘날 한국 적인 신앙의 모습에서 남다른 도전을 받고 있는지도 모른다.

반대로 한국교회는 기독교적 가치와 신앙이 몸에 밴 유럽의 일 상화된 기도로 나아갈 필요가 있다. 특별한 것이 일상화로 나아가 지 못하면 결국 율법주의나 형식, 외식으로 변질된다. 보편적인 믿음으로 나아가지 못하고 특별한 신앙에 머물면 독선적이고 아 집에 빠진 구약시대 이스라엘의 모습이 될 수 있다. 자기들처럼 행하지 않는 이방 사람들을 무시하고 경멸하는 교만함에 사로잡 힐 수 있다. 복음은 보편적이다. 그리고 일상적이다. 성경이 말씀 하는 기도의 모습도 보편적인 기도이다. 그리스도인에게는 항상 쉬지 않고 기도하는 일상화된 기도가 절대적으로 필요하다. 물론 쉽지 않다. 단번에 되는 것이 아니다. 많은 시간과 훈련을 거쳐야 한다.

유대인은 책의 민족이면서 동시에 기도의 민족이다. 유대인은 특별히 정한 시간과 장소에서 기도했지만 거기에 머물지 않고 일 상화로 나아가려는 노력을 쏟았다. 유대인의 가정은 예배하고 기 도문을 낭송하는 성소이자 배움이 있는 도서관이었다. 실제로 유 대인들은 하루에 100개 이상의 기도문을 낭송한다. 매일 '쉐마'라 는 기도문을 낭송한다. 그리고 아침과 오후와 저녁, 하루 세 번 '쉐 모네 에스레이'(Shemoneh Esrei)라고 불리는 19개의 기도문을 낭송한다. 이토록 기도문이 많은 것은 다양한 삶에 적용하기 위함이요 궁극적으로는 기도를 일상적인 삶으로 끌어내기 위함이다.

유대인의 회당이나 그들이 모인 장소에 가면 쉬지 않고 기도문을 낭송하는 모습을 볼 수 있다. 모두들 작은 수첩과 같은 책자에 담긴 내용을 쉬지 않고 읽으면서 기도한다. 길거리에서도, 상점에서도 쉽게 볼 수 있는 장면이다. 한 번은 버스 정류장에서 유대 여성이 차를 기다리는 중에도 계속해서 기도문을 읽으면서 기도하는 모습을 보고 놀란 적도 있다.

유대인에게는 또한 '베라코트'(berakhot)라고 불리는 기도문이 있다. 유대인들이 하는 대부분의 기도가 여기에 속한다. 베라코트는 '베라카'의 복수형으로 '축복'이라는 뜻이다. 베라카는 "복 받으시옵소서. 주 우리 하나님, 우주의 왕이시여"라는 하나님을 찬양하는 문구에서 비롯된 것이다. 이를 통해 그들에게 기도는 곧 '축복'으로 여겨짐을 알 수 있다.

베라코트는 '무릎'이라는 뜻의 '베트-레쉬-카프'(Bet-Resh-Kaf)라는 히브리어 어근에서 유래된 말이다. 즉 무릎을 굽혀 절함으로써 존경을 표시하는 행위를 말한다. 실제로 유대인들은 베라코트를 낭송할 때 무릎을 굽히면서 절을 한다. 유대인들은 자신들이 하는 대부분의 기도를 베라코트라고 부른다. 유대 전통에 따르면 유대인은 매일 100개의 베라코트를 낭송해야 한다. 일상에서 기도를 요구하는 베라코트가 수십 개씩 있기에 100개의 베라코트를 낭송하는 데 별 어려움이 없다고 한다. 이런 유대인의 기도 습관은 모두 기도의 일상화와 관계가 있다.

베라코트를 잠시 살펴보면 기도문의 종류가 얼마나 다양한지 금방 이해할 수 있다. 유대인의 베라코트에는 기본적으로 세 종류가 있다. 물질적인 쾌락을 즐기기 전에 낭송되는 것들, 미츠바, 곧 계명을 이행하기 전에 낭송되는 것들, 특별한 때나 행사들 때에 낭송되는 것들이다.

먼저 먹고, 마시고, 새 옷을 입는 것과 같은 물질적인 쾌락을 즐기기 전에 베라코트를 낭송한다. 이것은 자신이 지금 취하려고 하는 물질의 창조주로서 하나님을 인정하는 행위이다. 예를 들어 빵을 위한 베라카는 '땅에서 빵을 생산하게 하신' 분으로서 하나님을 찬양하는 것이다. 새 옷을 위한 베라카는 '벌거벗은 자들에게 옷을 입히시는' 분으로서 하나님을 찬양하는 것이다. 유대인은 베라코트를 낭송함으로써 하나님이 만물의 창조주이심과 그분의 승낙을 구하기 전에는 자신이 물질을 사용할 수 있는 어떤 권리도 없음을 인정하는 것이다. 베라카는 본질적으로 물질을 사용할 수 있도록 승낙을 구하는 기도이다. 이것은 유대인들이 모든 행동에 앞서 먼저 기도로 하나님의 승낙을 구한다는 뜻이다. 어느 것 하나도 기도 없이는 결코 행하지 않는 철저한 하나님 중심의 신앙에 감동받을 수밖에 없다.

두 번째로 손을 씻거나 촛불을 밝히는 등 일상의 계명을 이행하기 전에 베라코트를 낭송한다. 마지막으로 기쁜 소식이나 나쁜 소식을 접할 때와 같은 특별한 때나 행사 때에 베라코트를 낭송한다. 이것은 세상에서 발생하는 모든 선악의 궁극적인 원천으로써 하나님을 인정하는 것이다. 그래서 좋은 일이든, 혹은 나쁜 결과를 가져오는 일이든 상관없이 모두를 위해 베라코트를 낭송한다. 이처럼 유대인의 모든 삶은 토라와 기도로 어우러져 있다. 무엇보다 그들의 삶에는 우리가 알고 있는 하루에 세 번 기도하는 이상의 많은 기도의 형태가 있다. 그들에게서 모든 것을 기도로 시작하고 기도로 마치는 구체적인 기도생활의 모습을 볼 수 있다. 추상적으로만 기도를 일상화하려는 우리의 모습과 다르게 유대인들은 매우 구체적으로 기도의 세세한 부분까지 생활화를 실천하고 있다.

심지어 유대인들은 식사 전뿐만 아니라 식사 후에도 기도한다. 이 기도를 '비르카트 하마존'(Birkat Ha-Mazon)이라고 부른다. 비르카트 하마존(음식의 축복) 또한 이디시(Yiddish)어로 '축복하다' 라는 뜻이다. 이것은 신명기 8장 10절에 근거한 기도이다. "네가 먹어서 배부르고 네 하나님 여호와께서 옥토를 네게 주셨음으로 말미암아 그를 찬송하리라."

비르카트 하마존은 네 가지 축복으로 구성된다. 첫째는 음식을 준비하기 위한 축복으로써 세상에 음식을 주신 하나님께 감사한다. 둘째는 땅에 대한 축복으로써 이집트 땅에서 이끌어내시고, 언약을 맺으시며, 유산으로 이스라엘 땅을 주신 하나님께 감사한다. 셋째는 예루살렘에 대한 축복으로써 예루살렘의 재건과 마쉬아흐(메시아)의 도래를 위해 기도한다. 그리고 마지막으로 선한 것과 선한 행동에 관한 축복으로써 선하신 하나님의 선한 일들을 찬양한다. 이처럼 유대인들은 예배 때는 물론이고 일상에서도 하루에 100개 이상의 기도문을 낭송하면서 기도한다(베라코트에 관한 보다 자세한 내용은 www.jewfaq.org를 참고하라).

유대인들의 기도 모습을 보면 정교할 정도로 세부적으로 일상화되어 있음을 알 수 있다. 우리로서는 그대로 받아들이기 어렵지만 모든 생활 속에서 기도로 시작하고 기도로 마치는 실천적인 그들의 기도의 삶에는 배울 점이 많다.

예수님은 습관적으로 기도하는 삶을 사셨지만 오히려 일상적인 기도에 더 가깝다고 볼 수 있다. 그런 점에서 예수님의 기도는 당시 유대인의 기도를 한 단계 넘어선 기도였다. 주님은 밤을 새워 기도하셨고 이른 아침에도 기도하셨다. 어느 때든지 기도가 필요하면 조용한 곳을 찾으셨다. 습관에 따라 한적한 곳으로 기도하러 가신 것도 일상적인 기도의 연장이셨다. 주님은 때를 맞추어 기도하신 것이 아니다. 기도는 언제나 그분 삶의 일부였다. 그래서 기도의 일상생활을 강조하실 때 골방기도를 언급하셨다. 이것은 반드시 공간적인 의미라기보다는 마음의 골방을 뜻할 수도 있다. 골방은 자신만의 마음을 하나님께 털어놓을 수 있는 특정한 장소를 말한다. 골방은 어디든지 될 수 있는 장소를 초월한 곳이다.

성경을 보면 주님이 특정한 기도의 장소를 찾지 않으셨음을 알수 있다. 굳이 그 장소를 고집하지도 않으셨다. 예수님은 어디든지 기도하기에 적당한 장소이면 즐겨 찾아가서 기도하셨다. 어디서나 머리를 하늘로 향하고 엎드려 기도하셨다. 무슨 형식이 따로 정해져 있는 것이 아니었다. 주님의 모든 삶이 곧 기도였다. 우리도 하루빨리 이런 일상의 기도로 나아가야 한다. 내가 밟는 모든 곳이 거룩한 성소가 되고, 모든 때와 곳이 기도하는 시간과 장소가 된다면 얼마나 좋을까?

앞에서 살펴본 유대인의 기도인 베라코트가 '축복'이라는 뜻을 담고 있듯이 우리가 기도하는 순간은 하나님의 축복을 받는 행복한 순간임을 기억하자. 가능한 많이 기도할수록 그만큼 축복이 더해진다. 일상 속에서 기도하는 모든 삶이 하나님의 축복을 받는 삶임을 안다면 기도는 많이 할수록 좋다. 쉬지 말고 항상 기도하는 것을 습관화하자. 하나님의 축복을 받는 순간임을 명심하고 무엇보다 기도에 힘쓰자.

대화를 나누듯
기도하라

●
●
●

기도는 하나님과 나누는 대화이다. 인간 편에서 일방적으로 말하는 것이 아니라 서로 주고받는 쌍방적인 대화가 그리스도인의 기도이다. 대화는 상대방이 인격적인 존재일 때만 가능하다. 죽은 나무나 돌과는 대화할 수 없다. 그래서 우상과는 대화가 안 된다. 그러므로 우리가 하나님과 대화할 수 있다는 것이 얼마나 감사한 일인가! 죄인인 우리가 감히 어떻게 거룩한 하나님과 대화할 수 있단 말인가! 하나님 앞에서는 머리조차 들 수 없고, 감히 한마디 말조차 할 수 없는 처지인데…. 그 모든 용서와 회복이 순전히 예수 그리스도를 통해 이루어졌다는 사실에 그저 말문이 막힐 따름이다. 우리의 죄를 위해 대신 죽으신 그리스도의 십자가 사건으로 인하여 나에게 이와 같은 엄청난 일이 일어난 것이다. 예수님을 믿는 사람은 누구든지 담대히 하나님 앞에 나아가 어린아이처럼 친근하게 아버지 하나님과 대화할 수 있다.

처음 만나는 사람과 대화하려면 어색하지만 친한 친구와는 자연스럽게 대화를 주고받는다. 친밀할수록 대화가 편안하고 자연스럽다. 나중에는 서로 얼굴을 마주하고 대화한다기보다는 마음과 마음이 대화하게 됨을 느낀다. 대화를 나누다 보면 친구의 마음이 내 안에 들어와 있는 것처럼 여겨진다. 포근하고 따스하다. 이런 대화는 시간이 가면 갈수록 행복해진다.

하나님과의 대화 역시 처음에는 어렵다. 그분을 볼 수 없고, 또 처음 만나는 사람처럼 어색하기 때문이다. 그러나 대화의 시간을 자주 갖고 오래하면 할수록 대화가 점점 깊어지면 단순해진다. 그리고 이 정도 수준이 되면 대화가 자연스러워진다. 장황하게 많은 말을 늘어놓기보다는 간단한 말로 쌍방 간에 서로 이야기를 나눈다. 어느 한쪽이 일방적으로 계속 혼자 말하면 지루하다. 집중이 잘 안 되고 잡념이 생기며 관심이 떨어진다. 하나님과의 대화인 기도 역시 이와 같다. 자기 혼자 계속 하나님께 말하기보다는 주고받는 것처럼 대화하듯 기도하면 더욱 즐겁다.

친밀함이 있는 대화에는 질문과 대답이 있다. 때로는 선지자 예레미야처럼 불평할 수도 있다. "여호와여 내가 주와 변론할 때에는 주께서 의로우시니이다. 그러나 내가 주께 질문하옵나니 악한 자의 길이 형통하며 반역한 자가 다 평안함은 무슨 까닭이니이까"(렘 12:1). 부모에게 칭얼대는 어린아이처럼 하나님과 대화에는 당연히 이런 불평도 포함된다.

1860년, 미국 중서부 미주리 주의 한 농가에 남자아이가 태어났다. 그런데 아이가 태어난 지 얼마 되지 않아 흑인노예인 어머니는 실종되었고, 그녀의 주인이었던 백인아버지는 사고로 죽고 말았다. 결국 아이는 남의 집 헛간에서 자라면서 온갖 학대를 당했다. 그러나 아이는 하나님 아버지를 의지하면서 신앙으로 모든 난관을 극복한 끝에 미국 역사상 가장 뛰어난 농학박사가 되었다. 그가 바로 '땅콩 박사'인 조지 워싱턴 카버이다.

그는 어릴 때부터 질문이 많았다. 그가 열 살 때 일이다. 한 번은 양부모와 함께 그 일대에서 가장 근사한 포도원을 가진 사람의 집을 방문했다.

소년은 양아버지에게 물었다.

"포도는 왜 자줏빛이죠?"

양아버지가 대답했다.

"나는 모르겠는걸. 아마 아무도 모를 거야."

소년은 여전히 궁금해 하며 다시 물었다.

"하나님은 아실까요?"

양아버지가 당연하다는 듯 대답했다.

"물론 그분은 아시고말고."

그러자 그는 "그러면 그분께 여쭤보고 오겠어요"라고는 방을 나갔다.

땅콩과 고구마에 관한 연구로 명성을 떨쳤던 조지는 이 두 식물로부터 염료, 비누, 치즈, 우유 대용품 등을 포함해 무려 4백 가지 이상의 합성물을 개발해냈다.

그는 어느 날, 상원 농업위원회에서 '땅콩의 섭리'에 관해 강연을 했다. 강연 후에 한 의원이 질문했다.

"성경이 땅콩에 대해 뭐라고 말하던가요?"

그 질문에 그는 다음과 같은 명언을 남겼다.

"성경이 땅콩에 대해 가르쳐준 것은 없습니다. 그러나 성경은 저에게 하나님에 대해 말씀했고, 그 하나님이 저에게 땅콩에 대해 말씀해 주셨습니다."

위대한 흑인 과학자였던 조지 워싱턴 카버는 종종 어린 시절 과학에 흥미를 느끼게 된 동기에 관한 질문을 받곤 했다. 한 번은 많은 학생들 앞에서 그 질문에 이렇게 대답했다.

"어린 시절 과학에 관심이 많았던 저는 하나님께 기도를 올리면서 다음과 같이 여쭤 보았습니다. '하나님! 우주를 왜 만드셨습니까?' 그러자 하나님이 대답하셨습니다. '얘야, 너의 좁은 머리로는 그것을 깨닫기가 너무 어렵구나. 네가 감당할 수 있는 것에 대해 물어보렴.' 그래서 다시 여쭈었습니다. '그렇다면 인간은 왜 만드셨습니까?' 이번에도 하나님은 친절하게 대답해 주시더군요. '작은 아이야, 너는 여전히 너의 능력을 벗어나는 질문을 하는구나. 너의 질문의 수준을 낮추고 정말로 네가 알고 싶은 것이 무엇인지 분명히 하렴.'

나는 우울한 기분으로 손바닥을 펴보았습니다. 마침 손바닥에 놓인 먹다 남은 땅콩 한 알을 보고 투정하듯 말했습니다. '하나님! 땅콩을 만드신 이유에 관해 이야기해 주십시오.' 그 질문에 하나님은 이렇게 대답하셨습니다. '좀 나아졌구나. 하지만 그것도 너무 광범위한 질문이다. 땅콩에 관해 무엇이 알고 싶으냐?' '하나님, 땅콩에서 우유를 만들어낼 수 있을까요?' '어떤 종류의 우유를 원하느냐? 저지방산 고급 우유냐, 아니면 단지 기숙사에서 주는 평범한 우유냐?' 그리고 나서 하나님은 저에게 땅콩을 분해하고 다시 결합하는 등 여러 가지 방법을 알려주셨죠. 그 후 수년의 연구 끝에 저는 땅콩이 땅콩 잼과 같은 식품에 쓰이는 것 외에도 플라스틱을 만들거나 페인트를 만들 때도 필요하다는 것을 알게 되었습니다. 제가 이제껏 알아낸 땅콩의 사용법은 무려 4백 가지 이상입니다."

그는 언제가 자신의 성공 비결을 묻는 기자에게 이렇게 대답했다. "위대하신 만물의 창조주와 더불어 가지는 개인적인 친교야말로 풍성한 삶의 유일한 기초가 됩니다. 하나님과 동행하며 대화하고 자신의 길을 하나님께 맡기면 됩니다."

하나님께 질문하면서 자연스럽게 대화하는 조지 워싱턴 카버의 기도 방법은 우리에게 새로운 도전을 준다. 우리도 그처럼 하나님과 친밀하게 대화를 나누면서 기도할 수는 없을까? 복음서에는 예수님과 제자들이 주고받는 대화 장면이 자주 나온다. 이것이야말로 기도의 진정한 모습이 아닐까? 사실 오늘날 우리는 바로 앞에 있는 주님과 친밀하게 대화하는 그런 기도를 하지 못한다. 대부분 멀리 계시는 하나님을 향해 부르짖고, 가까이 다가갈 수 없는 대상에게 외치는 것처럼 소리를 지르는 기도에 익숙하다. 이것은 일상 기도가 아닌 특별한 기도 방식이다. 우리에게는 친밀한 기도가 부족하다. 하나님은 오늘 우리 안에 계신다. 성령으로 내주하신다. 그럼에도 여전히 우리의 기도는 소리를 지르고 혼자 외치는 기도가 대부분인 것은 왜일까?

이제부터라도 좋은 기도 습관을 발전시키고 회복하자. 짧게 질문하고 답하면서 하나님과 대화하는 방식의 기도를 해보자. 하나님의 놀라운 은혜를 경험하게 될 것이다. 생각하지 못한 지혜와 통찰력을 얻게 될 것이다. 사람에게 질문하지 말고 하나님께 질문하면 그분은 우리에게 이 세상이 줄 수 있는 것보다 더 뛰어난 해답을 주실 것이다. 계속 길게 나열만 하는 기도에서 벗어나 질문하고 대화하는 기도를 사용하면 진정 하나님의 넘치는 기쁨을 경험하게 될 것이다.

대화는 곧 질문이다. 질문을 통해 대화가 풍성해진다. 우리는 그동안 질문하면서 대화하는 방식에 미숙했다. 사람들과 대화가 부족했듯이 하나님과의 대화도 부족했다. 그래서 하나님께 질문하는 방식의 기도가 어색한 것이 사실이다.

구약의 인물들이 하나님과 대화(기도)하는 모습을 보면 하나님은 인간이 감히 가까이할 수 없는 위엄 있는 거룩하신 분이지만, 또 한편으로는 친밀한 친구처럼 아주 가까운 존재임을 알 수 있다. 하나님과 그들의 대화를 보면 의아할 정도로 친밀했다. 특히 의문을 갖고 질문하는 기도가 많다. 때로는 항변을 하기도 했다. 그래서 "왜 그렇습니까?" "무슨 이유입니까?" 등의 표현이 자주 나온다. 욥기나 시편을 읽어보면 이런 내용이 상당히 많다. 그것은 그만큼 그들이 하나님과 친밀한 대화를 나누었다는 방증이기도 하다.

욥이 하나님께 질문하면서 기도한 것처럼 하박국 선지자도 마찬가지 방법으로 기도했다. 실제로 하박국서의 전체 내용은 하박국 선지자가 질문하고 하나님이 응답하시는 대화구조로 되어 있다.

"주께서는 만세 전부터 계시지 아니하시니이까. …주께서는 눈이 정결하시므로 악을 차마 보지 못하시며 패역을 차마 보지 못하시거늘 어찌하여 거짓된 자들을 방관하시며 악인이 자기보다 의로운 사람을 삼키는데도 잠잠하시나이까. 주께서 어찌하여 사람을 바다의 고기 같게 하시며 다스리는 자 없는 벌레 같게 하시나이까. 그가 낚시로 모두 낚으며 그물로 잡으며 투망으로 모으고 그리고는 기뻐하고 즐거워하여 그물에 제사하며 투망 앞에 분향하오니 이는 그것을 힘입어 소득이 풍부하고 먹을 것이 풍성하게 됨이니이다. 그가 그물을 떨고는 계속하여 여러 나라를 무자비하게 멸망시키는 것이 옳으니이까"(합 1:12-17).

이제부터라도 일상에서 대화를 나누듯 내주하시는 성령님과 친밀하게 대화를 나누는 기도를 해보자. 하나님이 의문스러운 많은 것을 알려주실 것이다. 책에서 발견할 수 없고, 사람들에게서 얻을 수 없는 성령의 지혜가 주어질 것이다. 묻지 않으면 답을 얻을 수 없다. 천재들의 특징은 자꾸 의문을 갖고 질문한다는 것이다. 우리도 지금 이 시간부터 후히 주시고 꾸짖지 아니하시는 하나님께 질문하면서 구해보자. "너희 중에 누구든지 지혜가 부족하거든 모든 사람에게 후히 주시고 꾸짖지 아니하시는 하나님께 구하라. 그리하면 주시리라"(약 1:5).

몸으로 실천하며
기도하라

흔히 기도가 어렵다고들 한다. 기도에 전념하는 사람들로부터 하면 할수록 어려움을 느낀다는 이야기를 듣는다. 맞는 말이다. 기도는 그렇게 쉬운 일이 아니다. 아들이 아버지를 부르는 것처럼 쉽게 기도해야 함에도 삶 속에서 기도가 어렵다. 바로 여기에 기도의 이중성이 있다. 기도는 단순히 종교적인 의식을 넘어선다. 기도는 모든 삶이다. 우리는 어느 특별한 시간에만 기도해야 하는 것이 아니라 모든 시간에 기도하고, 항상 기도해야 한다. 어찌 보면 시간을 정해 놓고 하는 기도는 쉬울 수 있다(이것조차도 게으르고 나태하면 어렵지만). 그러나 무시로 어디서든지 기도하는 일은 결코 쉽지 않다.

기도의 삶을 사는 그리스도인의 중요한 과제는 모든 삶이 기도가 되는 일이다. 특별한 시간만의 기도가 아닌 우리가 사는 모든 생활이 곧 기도가 되어야 한다. 이것은 생각처럼 쉽지 않다. 그 속에 기도하는 사람의 딜레마가 있다. 하나님은 우리가 정한 곳에만 계시지 않는다. 모든 삶 속에 존재하신다. 그렇다면 기도 역시 모든 삶의 현장에서 드려져야 한다.

기도하면서 생각하지 못한 함정에 빠질 수 있다. 하나님을 기도 속에 제한시키는 것이다. 사람들이 정한 몇 가지 기도의 정의와 스타일에 하나님을 가두는 우를 범할 수 있다. 하나님은 기도를 넘어서는 분이시다. 그럼에도 불구하고 우리는, 기도는 영적인 일이며 세상에서의 삶은 세속적인 일로 생각하는 이분법적인 사고를 한다. 그리하여 기도를 영적 생활로 한정하려는 우를 범한다. 그런 의미에서 우리는 기도를 폭넓게 생각할 필요가 있다. 기도와 삶을 분리시키면 하나님의 능력을 제한하는 것이다. 기도할 때만 하나님이 일하시고, 기도하지 않을 때는 하나님이 가만히 계신다고 여긴다면 무소불위하고 편재하신 하나님의 속성을 제한하는 것이다.

처음에는 특별한 시간을 내어 기도하고, 특별한 장소에서 기도하더라도 이 수준에 머무르지 말고 점차 일상 속으로 기도를 확장시키는 일이 중요하다. 한국교회가 보여주는 기도의 열심은 세계적으로 유명하다. 그래서인지 한국교회는 '특별'이라는 단어를 많이 사용한다. '특별 새벽기도회' '특별 집회' 등이 유난히 많다. 마치 이런 행사들이 한국교회를 대표하는 것처럼 생각될 정도로 거의 연례행사처럼 실시하는 주된 프로그램이 되었다. 이것은 무엇을 의미하는가? 한국교회가 아직도 훈련과정에 있음을 뜻한다.

그런데 한때 내가 섬겼던 서울의 한 교회에서는 '특별'이라는 단어를 거의 사용하지 않았다. 담임목사님은 기도는 특별이 아닌 일상으로 나아가야 한다고 하시면서 조용히 기도를 일상화하는 일에 주력하셨다. 교인들의 기도 습관을 바꾸는 훈련을 꾸준히 지속적으로 시행해 오셨던 것이다. 그 결과 그 교회에서는 특별 새벽기도회가 유행하기 이미 오래전부터 새벽기도회가 교회 안에서 조용히 실천되고 있었다. 굳이 특별 새벽기도회라는 이름으로 강조하지 않아도 새벽부터 교인들이 수천 명씩 모이는 교회로 알려져 있었다. 어떻게 그렇게 많이 모이는지는 그 교회 사람들만 알지 외부에서는 잘 모른다. 사람들에게 알리기 위한 기도가 아니라 하나님과 일상적인 교제로써 기도하는 기도 방법이 일상에서 습관으로 자리 잡았기 때문이다. 당시 대대적으로 홍보하면서 큰 행사로 치르는 특별 새벽기도회에 익숙해 있던 나에게는 신선한 충격이었다.

이제부터라도 하루빨리 신앙이 특별한 것에서 일상적인 것으로 나아가야 한다. 성숙한 기도가 되기 위해서는 일상 기도가 생활화되어야 한다. 모든 삶에 기도가 정착될 때 마침내 우리의 삶과 교회가 변화될 것이다. 이것은 교회 내부만의 변화가 아니라 사회와 국가를 포함한 세상의 변화를 의미한다. 모이는 것으로만 변화를 이루기보다는 흩어지는 곳에서 측정하기 어려운 변화를 이루는 것이 더 의미 있다.

한국교회는 아직까지도 모이는 데서 삶의 변화를 꿈꾼다. 대형 집회가 유난히 유행하는 것도 이런 이유에서라고 할 수 있다. 숫자는 모일 때만 측정이 가능하다. 그러나 흩어지면 숫자를 측정할 수 없다. '특별'에서는 사람의 측정이 가능하지만 '일상'에서는 사람의 측정이 불가능하고, 오직 하나님만이 아신다. 특별한 것은 일시적인 것이며 과정이요 목표가 아니다. 만약 특별이 목표가 되면 그것은 복음이 아니다.

하나님은 기도할 때만 우리와 함께하시는 것이 아니라 모든 삶에 함께하신다. 기도할 때만 우리의 소리를 들으시는 것이 아니라 모든 일상생활에서 우리의 작은 음성도 귀담아 들으신다. 만약 이런 신앙고백을 가지고 있다면 기도가 점차 일상생활 속으로 나아가는 것이 당연하다. 기도를 종교적인 특수한 집단에서만 하는 것처럼 오해해서는 안 된다. 그리스도인의 기도는 모든 삶에서 하나님을 향하는 마음이요 행동이 되어야 한다. 그러므로 우리의 과제는 우리의 모든 삶을 기도로 만드는 것이다. 가장 궁극적으로는 말로써만이 아니라 행동으로써 기도하는 것이다.

예수님은 이 세상에 사시는 동안 말씀과 삶을 일치시키셨다. 예수님의 모든 삶이 기도셨다. 복음서에는 예수님과 제자들이 3년 동안 함께했던 내용이 소개되어 있다. 예수님과 제자들은 유대지방과 갈릴리지방을 함께 거닐면서 전도여행을 했다. 그런데 가만히 생각해보면 제자들이 예수님과 함께하면서 그분께 행한 모든 삶이 기도였음을 알 수 있다.

구약에서 기도는 멀리 계신 하나님을 향해 부르짖거나 간절히 구하는 행동을 의미했다. 그러나 복음서에서 기도는 예수님과 함께하는 것이었다. 그 가운데 질문하고, 대답하고, 반응하고, 눈짓하고, 응시하고, 따르며, 순종하는 것이 기도였다. 특별한 시간을 내어 예수님을 찾는 것이 아니라 일상생활의 모습이 곧 기도였다.

이미 우리 안에 성령께서 내주하시기에 오늘 우리의 기도도 제자들처럼 언제 어디서든지 생활 속에서 성령과 교제하고 하나님을 찾고 대화하는 방식으로의 전환이 필요하다. 손을 들고 하늘을 향해 부르짖는, 즉 밖을 향해 외치는 기도보다는 내주하시는 성령을 느끼면서 생활 속에서 수시로 그분과 친밀한 영적 대화를 나누는 것이 습관화되어야 한다. 그럼에도 우리의 기도는 아직도 일상화된 기도보다는 구약적인 특별한 기도에 익숙하고, 그것을 넘어서지 못한 부분이 많다.

어쩌면 오늘날 한국교회가 교회 안에서는 부흥과 성장을 이루어 은혜를 경험하고 서로 나누지만 막상 교회를 떠나서는 성령의 은혜를 세상과 함께 나누기 힘든 것은 이런 잘못된 기도의 습관과도 관계가 있다. 구호와 말로써 외치는 신앙은 풍성하지만 행동하고 삶에서 배어나오는 빛과 소금으로써 신앙은 부족하기 때문이다. 진정한 신앙은 그리스도의 편지와 향기로써 밖으로 자연스럽게 전해지고 풍겨진다. 그런데 교회에 모였을 때는 열정이 있고 화려함과 거대함이 있지만, 막상 일상으로 흩어졌을 때는 나약한 신앙의 모습을 보이는 것은 신앙의 발전과 전진의 미약함에서 그 원인을 찾을 수 있지 않을까?

봉사와 선교의 선한 일을 하고서도 막상 사회적으로는 교회가 비난의 대상이 되는 것은 우리의 왜곡된 신앙을 반증하는 것이라고 할 수 있다. 그만큼 신앙의 일상화가 미흡하기 때문이다. 거기에는 잘못된 기도생활도 한몫을 한다. 그토록 열심을 다해 모여 기도하지만 막상 이웃 속에서 그리스도인의 삶의 칭찬도 떨어지는 것은 기도의 생활화가 부족하기 때문이다. 기도와 신앙이 특정한 자기들의 종교적인 잔치로만 여겨진다면 서글픈 일이 아닐수 없다. 이 경우 그 일에 더 열심을 내면 낼수록 광적이며 이해

못할 처사로 비추어질 것이다.

그런 의미에서 기도의 생활화, 행동화가 절대적으로 필요하다. 실천하는 것이 곧 기도가 되고, 기도가 곧 실천이 된다면 주님이 원하시는 방향으로 나아가고 있는 것이다. 만약 우리가 흔히 생각하는 정해진 기도만 찾는다면 예수님이 십자가에 못 박혀 죽으실 때 드린 기도는 가상 칠언 정도에 불과하다. 그것은 언어적인 의미에서 기도이다. 그러나 전체적으로 보면 예수님이 십자가에서 죽으심 자체가 모든 게 하나로 어우러진 기도이다. 원수에게 욕하지 않고 끝까지 참고, 하나님의 뜻을 생각하며 인류 죄악을 짊어지신 모든 행동까지 기도라고 보아야 한다. 언어로써만 기도가 아니라 행동과 실천으로 이어지는 기도야말로 우리가 꿈꾸는 기도의 모습이다. 그러므로 얼마 동안 기도했고, 어디서 기도했는지를 따지면서 영성의 깊이를 자랑하는 바리새인적인 기도 습관은 버려야 한다.

기도시간 때 드리는 기도만 기도가 아니라 사람들과 대화하는 순간도 기도가 되면 안 될까? 주일 예배 때 드리는 기도만 기도가 아니라 직장에서 일하는 순간도 기도가 되면 안 될까? 우리가 살아가는 삶이 곧 기도가 된다면 이전에 기도시간에만 드리며 느꼈던 것과는 비교할 수 없는 은혜를 경험하게 될 것이다. 주님을 모든 삶의 주인으로 삼으면서 하나님의 나라를 건설하는 기도를 습관화한다면 이전에 느끼지 못했던 무한한 기쁨을 체험하게 될 것이다.

우리는 기도를 가만히 앉아서 구하는 것으로 축소하여 이해할 때가 잦다. 평생 동안 산속에 들어가 기도한 것을 기도의 삶을 산 것처럼 생각한다. 그러나 그리스도인의 기도는 그런 기도를 넘어선다. 기도는 삶으로 나타나야 한다. 기도하는 사람은 삶 속에서 열매가 나타나야 하고 기도한 대로 살아야 한다. 그런 의미에서 삶이 곧 기도라고 할 수 있다.

청교도 신학자 리처드 십스의 기도에 관한 다음의 말은, 우리의 기도가 삶으로 나타나야 하는 중요성에 대하여 다시 한 번 강조한다. "하나님께 우리를 축복하시도록 기도한 후 아무 일도 하지 않는 것은 무가치한 기도이다. 하나님께 우리가 감사할 수 있도록 기도하고 아무 일도 하지 않는 것은 무가치한 감사이다. 우리의 행위는 말을 가지고 있고 하나님을 향한 목소리를 가지고 있다. 그것은 말하며, 그것은 기도한다. 우리의 일 가운데는 일종의 기도가 있고 감사가 있다."

진실 되게 기도하는 사람의 목표는 모든 삶이 기도가 되게 하는 것이다. 이런 기도의 사람은 세상을 변화시킨다. 전하는 대로 살고, 기도한 대로 사는 습관이 몸에 밴다면 얼마나 좋을까? 기도는 결국 나 자신의 삶과 관계가 있다. 기도는 삶으로 나타나야 한다. 기도와 다른 삶을 살고 있다면 그 기도는 독백이요 자기만족이다.

기도의 깊이가 더해지고, 기도의 양이 많아질수록 우리의 삶도 달라져야 하고, 세상에 영향을 끼쳐야 한다.

이것을 위해서는 기도의 일상화가 최우선 과제가 되어야 한다. 기도를 교회나 기도원이나 골방에만 가득 차게 하지 말고, 세상으로 나와 삶이 곧 기도가 되게 해야 한다. 기도를 특별한 성소에만 있게 하지 말고, 우리의 모든 삶에 가득 차게 해야 한다. 모든 곳에 하나님이 계시듯이….

C. S. 루이스에게 큰 영향을 끼쳤던 유명한 작가인 G. K. 체스터턴은 자신의 기도생활에 관하여 이렇게 간증하고 있다. "여러분은 식사 전에 감사기도를 합니다. 좋은 기도 습관이지요. 하지만 저는 연주회와 오페라를 보기 전에 기도하고, 연극과 팬터마임을 보기 전에 기도하며, 책을 펼치기 전에 기도합니다. 스케치, 그림 그리기, 수영, 펜싱, 권투, 산책, 춤추기 전에 기도하며, 펜을 잉크에 적시기 전에도 기도합니다."

우리의 기도 습관을 보다 넓은 지경으로 확장하자. 특별한 시간에서 일상으로, 언어에서 행동으로, 생각에서 몸으로, 교회 안에서 가정과 직장으로 기도의 영역을 넓게 펼쳐 나가자. 하나님이 계시는 모든 곳으로…. 기도를 통해 그곳에 하나님의 나라와 의가 이루어지는 평화(샬롬)의 세계를 건설하고, 기도하는 곳이 곧 하나님이 통치하시는 곳임을 만방에 알린다면 이보다 더 좋게 하나님을 찬양하는 방법은 없을 것이다. 자칫 기도로 하나님을 종교적으로 축소시키는 우를 범하지 말자. 오히려 기도로 광대하신 하나님을 마음껏 선포할 수 있다면 이보다 감격적인 일은 없을 것이다.

 /기/도/따/라/잡/기/

처음과 나중이 되시는 하나님!
오늘도 하나님의 사랑으로
하루를 시작하게 하심을 감사드립니다.
하루의 생활이 주님의 인도하심을 따라 살게 하옵소서.
저의 길을 인도하시는 분은 오직 주님이심을 믿으면서
최선을 다하며 살게 하옵소서.

주어진 일을 할 때마다 사람 앞에서가 아니라
하나님 앞에서 하게 하옵소서.
어려움이 닥칠 때마다 상황을 보지 말고
주님을 의지하고 담대히 나아가도록 도와주옵소서.
예수님의 이름으로 기도드립니다. 아멘.

일하는 것처럼
기도하라

우리가 평소에 일하는 만큼 기도하면 과연 어떤 일이 일어날까? 사람들은 쉬지 않고 미친 듯이 밤낮으로 열심을 다해 일하지만 정작 기도는 하지 않는다. 그 이유는 기도를 소비적인 행위로 여기기 때문이다. 그래서 그들은 기도시간은 허비하는 빈 시간이며, 그 시간에 차라리 일을 더 많이 하는 것이 낫다고 생각한다.

그러나 기도가 곧 일이라는 의미를 이해할 때는 상황이 달라진다. 기도하는 시간은 아무 일도 하지 않는 정지된 시간이 아니다. 기도하는 시간은 하나님이 움직이고 역사하시는 아주 활동적인 시간이다. 기도하면 내가 아니라 하나님이 일하신다. 하나님은 내가 일하는 것보다 더 많은 일을 하시고, 더 위대한 일을 행하신다. 기도하는 시간을 시간 낭비가 아니라 오히려 하나님이 활발하게 움직이시는 시간으로 이해한다면 우리는 보다 많은 시간을 기도에 투자할 것이고, 기도하는 그 시간을 아까워하지 않을 것이다.

기도한다는 것은 무엇을 의미하는가? 기도가 일이라는 관점에서 보면 기도하는 것은 내가 아니라 하나님이 일하시도록 요청하는 것이다. 우리의 관점에서 보면 기도는 일이 아니지만 하나님의 관점에서 보면 기도는 활발히 움직여야 할 일이다. 우리가 기도할 때 하나님이 일하신다. 기도는 분명히 일이다. 내가 기도하면 하나님이 일하시고, 내가 일하면 성령이 나를 위해 기도하신다. 하나님과 나는 동역 관계이다. 이때 내가 일하기보다 하나님이 일하시도록 돕는 것이 중요하다. 특히 나의 힘으로 안 되는 일에는 더욱 그렇다.

사무엘 선지자는 평생 동안 기도하는 삶을 실천하며 쉬지 않고 기도한 사람으로 유명하다. 그가 이스라엘을 다스릴 때의 일이다. 그는 이스라엘 백성들에게 미스바로 모이라고 말했다. 이스라엘 백성들을 위해 기도하기 위해서였다. 그런데 문제가 생겼다. 블레셋 사람들이 이스라엘 자손들이 미스바에 모였다는 말을 듣고 이스라엘을 치러 올라왔던 것이다. 그러자 사람들이 두려워하면서 사무엘에게 구했다. "당신은 우리를 위하여 우리 하나님 여호와께 쉬지 말고 부르짖어 우리를 블레셋 사람들의 손에서 구원하시게 하소서"(삼상 7:8).

사무엘은 하나님께 번제를 드리고 이스라엘을 위해 부르짖어 기도했다. 그러자 하나님이 응답하셨다. 하나님이 친히 나타나셔서 블레셋 군대를 쳐부수셨다. 사무엘은 백성들과 함께 나아가 블레셋과 전쟁을 하는 대신 오직 기도에만 전념했다. 인간적으로 보면 적군이 쳐들어오는 상황에서 가만히 앉아 기도하는 것은 어리석은 짓이다. 그러나 결과는 다르게 나타났다. 성경은 당시 사건을 이렇게 기록하고 있다. "사무엘이 번제를 드릴 때에 블레셋 사람이 이스라엘과 싸우려고 가까이 오매 그날에 여호와께서 블레셋 사람에게 큰 우레를 발하여 그들을 어지럽게 하시니 그들이 이스라엘 앞에 패한지라"(삼상 7:10).

우리가 기도할 때 하나님이 우리를 위해 싸우신다. 그런 의미에서 기도하는 것은 일하는 것이다. 이 진리는 세상 사람들의 기도에는 적용되지 않는다. 그들은 인격적인 창조주 하나님을 위해 기도하는 게 아니라 단순히 범신론적인 신에게 기도하는 것이기 때문에 기도가 일이 될 수 없다. 그러기에 우리는 분명히 믿고 기도해야 한다. 기도하면 하나님이 움직이신다. 기도하는 시간은 하나님이 일하시는 시간임을 명심한다면 우리의 기도시간은 훨씬 즐거운 시간이 될 것이다.

하나님을 믿지 않는 사람은 기도의 힘을 부인한다. 그러나 하나님이 살아 계시고, 나의 기도를 듣고 계신다고 믿는 사람은 기도의 위대한 힘을 믿는다. 그리고 그 힘으로 어려운 순간을 헤쳐 나간다. 우리가 기도하는 그때 하나님이 일하신다. 얼마나 놀라운 일인가? 예수님을 믿는 자녀에게 주어지는 특권이다. 어린 자녀가 아버지를 바라보며 도움을 요청하면 아버지는 언제든지 달려와서 아들을 구해준다. 아버지는 언제나 자녀를 위해 일할 준비가 되어 있다. 우리와 하나님의 관계도 마찬가지다. 우리가 하나님께 구하면 그분은 그 일을 틀림없이 진행하신다. "믿는 자에게 능치 못할 일이 없다"라는 성경 말씀은 바로 이것을 두고 한 말이다.

기도가 곧 일이라는 의미는 기도 자체가 그냥 편안하게 구하는 것이 아니라 자기를 죽이는 힘든 싸움과도 같은 것임을 뜻한다. 사람들이 계속 기도하지 못하고 힘들어하는 이유는 기도가 씨름이기 때문이다. 자기와의 싸움이요, 자기를 계속 부인하는 일이며, 쉼 없는 투쟁과도 같기 때문이다.

종교개혁자 마틴 루터는 "기도는 모든 것 가운데서 가장 힘든 일이며, 모든 노동 위에 제일가는 노동이다. 그 이유는 기도하는 사람은 우리 안에서 느끼는 소심함과 무가치함에 의해 야기되는 의심과 불평에 대항해 강력한 전투를 치러야 하기 때문이다"라고 말했다.

기도는 보통 일이 아니라 전투와 같은 큰일이다. 죽느냐 사느냐를 결정하는 중대한 일이다. 기도는 하나님과 우리 자신과 싸움이다. 다른 말로 하면 나의 육신을 지배하고 있는 어둠의 세력과 싸움이기도 하다. 기도는 누구나 쉽게 할 수 있다. 그러나 깊게 들어갈수록 기도보다 더 힘든 일도 없다. 기도는 결국 나 자신과의 싸움이기 때문이다. 가장 큰 적은 그 누구도 아닌 바로 나 자신이다. 이것은 누구나 경험하는 일이다. 우리는 나를 죽인다는 것이 얼마나 힘든 일인지 날마다 체험하고 있다. 수많은 성경의 인물들은 날마다 죽이지 않으면 또다시 살아나는 자신의 악함을 고백하고 있다. 그래서 바울은 날마다 죽는다고 했다. 이것은 날마다 기도해야 함을 의미한다. 입으로는 하나님을 부르면서도 우리 안에는 여전히 자신의 주권을 포기하지 않으려는 자아가 꿈틀거리고 있다.

노르웨이 신학자 O. 할레스비는 "은밀한 기도의 골방은 피비린내 나는 전장이다. 거기에서는 격렬하고 결정적인 전투가 벌어지며, 고요하고 외로운 가운데 시간과 영원을 향한 영혼의 운명이 결정된다"라고 말했다. 우리 자신은 오랫동안 하나님을 기다리면서 점차 죽어간다. 10여 년 넘게, 아니 20여 년 넘게 기다린다는 것은 결코 쉬운 일이 아니다. 그토록 간절히 기도함에도 하나님께서 아무 응답 없이 침묵하고 계실 때 그것을 견디는 일은 참으로 어렵다. 그런 점에서 기도는 자신을 죽이는 기나긴 싸움이요 견디기 어려운 일이다. 나의 인생을 하나님의 뜻에 굴복시키는 것은 보통 힘든 일이 아니다. 자신의 의지와 욕구를 죽이지 않으면 안 되는 일이기 때문이다.

오래전 신학생이었을 때 강원도에 있는 예수원에 간 적이 있다. 지금은 고인이 되셨지만 대천덕 신부님과 대화도 나누며 함께 보냈던 시간이 종종 생각난다. 당시 내가 다니던 신학교는 학내 사태가 불거져 많은 어려움이 있었다. 그런데 멀리 떨어진 예수원의 중보기도 제목에 '장신대 학내 사태 해결'에 관한 내용이 들어 있는 것을 보고, 한편으로는 놀랐고 한편으로는 감사했다.

예수원 입구에는 '기도는 노동'이라는 팻말이 있었다. 예수원의 트레이드마크와 같은 구절이다. 예수원의 홈페이지에는 다음과 같은 글이 게재되어 있다. "노동하는 것이 기도요 기도하는 것이 노동이다." 사실 이것은 오래전 베네딕트 수도원의 좌우명인 "기도하는 것은 일하는 것이다"(Orare est laborare)에서 따온 말이다.

기도가 어떻게 노동인가? 여기에는 많은 의미가 담겨 있다. 흔히 신비주의 집단에서는 일반적으로 기도를 말할 때 아무것도 하지 않는 비활동적인 것으로 이해한다. 그러나 기도는 그 자체가 투쟁이요 노동이며 일이다. 성경은 예수님이 겟세마네 동산에서 기도하실 때 땀방울이 핏방울처럼 되었다고 기록했다. 기도는 곧 씨름이요 싸움이라는 뜻이다. 기도한다는 것은 영적 전투에 들어

간다는 것이다. 우리는 결연한 자세로 자신 및 사탄과의 싸움에서 승리해야 하는 전쟁터의 군사와 같다.

그저 멍하니 앉아 있는 것이 아니라 정신을 차리고 근신하여 깨어 기도해야 한다. 우리는 기도에 집중하는 것이 얼마나 어려운지 잘 안다. 잡념과 소음, 육신의 피곤함과 해야 할 바쁜 일 등과 싸워야 한다. 특히 쉼 없이 솟구치는 자신의 욕망과 야망, 편함을 포기하고 하나님의 나라와 의를 구하는 일은 결코 쉬운 일이 아니다. 이것은 모든 기도 중에 계속해서 일어나는 기나긴 싸움이다.

/기/도/따/라/잡/기/

우리를 창조하시고
모든 인생을 살피시는 하나님 아버지!
하루의 삶을 살아가면서
때때로 하나님과 세상 둘 사이에서 방황하는
어리석은 저를 용서하소서.

저의 인생의 가치관을
하나님에 대한 신앙으로 정하도록 도와주소서.
오직 하나님만을 섬기고
물질을 하나님의 선물로 받아들이며
하나님의 뜻에 따라 쓸 수 있는 마음을 주소서.

하나님보다 물질을 우선하며
물질 때문에 하나님을 배반하는 어리석음에
빠지지 않도록 도와주소서.
예수님의 이름으로 기도합니다. 아멘.

기도 수첩을 사용하여
기도하라

조지 뮬러는 일생 동안 5만 번 이상의 기도 응답을 받았다는데 과연 그것을 어떻게 알 수 있을까 하는 의문을 가질 수 있을 것이다. 하지만 그가 가졌던 기도 습관을 알면 쉽게 수긍이 간다. 뮬러는 기도 제목을 기록하고 응답을 확인하는 습관이 있었다. 그는 기도할 때 기록하는 습관이 도움을 준다고 믿었다. 실제로 마음속으로만 생각하여 기도하는 것과 기록한 것을 보면서 기도하는 것은 차이가 크다. 그는 기도 제목을 기록하면 그 기록을 보면서 기도하고 싶은 마음이 생김을 체험했다. 기도 목록에는 응답이 이루어지기까지 1년, 2년, 3년, 10년, 그 이상이 걸린 기도 대상자의 명단과 기도의 내용들이 기록되었다. 어떤 사람을 놓고는 무려 50년이 넘도록 기도하기도 했다. 조지 뮬러가 기도 수첩을 활용한 여덟 가지 방법을 제시하면 다음과 같다.

- 첫째, 작은 수첩을 따로 마련해서 정기적인 기도 목록을 작성한다. 그리고 그 수첩을 항상 가지고 다닌다.
- 둘째, 기도 수첩을 가지고 다니면서 제목이 떠오르면 무조건 기록한다.
- 셋째, 우선순위를 가지고 기도를 시작한 날짜를 기록한다. 중요한 것일수록 앞에 기록하고 기도한다.
- 넷째, 기도 제목을 놓고 매일 하나님께 기도한다.
- 다섯째, 기도할 때 기도 제목의 한쪽 여백에 약속의 말씀과 성구를 기록한다.
- 여섯째, 기도 제목을 점검하면서 기도할 때 무슨 변화가 일어나는지 하나님의 역사를 유심히 살핀다.
- 일곱째, 하나님이 응답해주신 것을 기도 목록 옆에 표시하고 하나님께 감사드린다.
- 여덟째, 기도의 목적은 오직 하나님께 영광을 올려드리는 것임을 기억하고 응답받았을 때 자기가 아닌 하나님의 이름을 높인다.

처음에는 기도 수첩을 사용하여 일일이 점검하면서 기도하는 것이 쉽지 않다. 귀찮기도 하고 기도 제목이 별로 생각나지 않을 수도 있다. 그러나 일단 기도 제목을 기도 수첩에 적고 기도하기 시작하면 생각하는 것 그 이상의 놀라운 축복을 경험하게 된다. 문제는 시작이 어렵다는 것이다. 하지만 하나님이 틀림없이 우리의 기도를 들으시고 응답해주신다는 사실을 믿는다면, 기도 수첩을 통해 세세한 부분까지 하나님의 응답으로 보면서 감사한다면 우리의 삶은 매우 풍요로워질 것이다. 가장 큰 유익은 평소에는 하나님의 응답으로 생각하지 않고 당연히 주어지는 것으로 여겨 감사하지 못했던 내용들이 일목요연하게 정리되면서 감사가 갑절이 된다는 사실이다.

기도 수첩은 그동안 숨겨진 은혜와 미처 발견하지 못했던 하나님의 사랑을 깨닫는 좋은 도구이다. 또한 이미 가진 것에 감사하며 기도를 시작할 수 있게 해준다. 즉 은혜 속에서 기도하게 된다. 우리는 기도 제목을 적으면서, 하나님의 세세한 응답을 정리하면서 하나님에 대한 새로운 사랑을 느끼게 된다.

예를 들어 아침에 일어나 따스한 햇살을 보고 살랑대는 시원한 바람을 대하면서 하나님의 은혜에 감사하게 된다. 이런 것들도 모두 기도의 응답으로 기록할 수 있다. 이렇게 보면 거저 주시는 값으로 매길 수 없는 하나님의 은혜가 수없이 많다. 그것은 이전에

한 번도 감사 기도를 드리지 못했던 것들이다. 사실 알고 보면 우리가 기도해서 받은 하나님의 응답은 모두 이런 기초 속에서 주어진 것들이다. 이런 기본적인 감사가 없으면 하나님이 응답을 주셔도 크게 감사함을 느끼지 못하고 더 많은 욕심을 부리게 된다. 한도 끝도 없이 말이다.

여름에 후덥지근한 열대야를 보내면서 밤을 뒤척일 때가 있다. 바람 한 점도 없이 더운 밤을 지새우는 것은 여간 힘든 일이 아니다. 그런데 그때 야외공원으로 나가 시원한 바람을 쐴 때의 느낌은 경험해본 사람만이 안다. 그 바람은 인간이 만들 수 없는 하나님이 주신 선물이다. 인간이 만들어낸 선풍기나 에어컨 바람과는 감히 비교할 수 없다. 이런 바람을 맞으면서 하나님께 감사 기도를 드려본 적 있는가? 주위에서 이런 일들을 찾으면 한없이 많다. 우리는 이미 기도 응답을 받고 살아간다. 그것들에 감사하는 마음으로 찬양의 시를 한 편 써보면 어떨까?

기도 수첩에 적은 기도 제목을 가지고 기도하면 실제 기도시간이 지루하지 않고 빠르게 지나간다. 그리고 재밌다. 기도 제목에 해당되는 사람들을 떠올리며, 또는 그들의 심정을 헤아리면서 하나님께 중보하면 그들을 점차 사랑하게 된다. 기도하면서 좋은 관계가 형성된다. 상대방을 위해 기도하면 그들을 사랑할 수밖에 없다. 심지어 원수라도 그들을 위해 기도하면 자연히 그들을 사랑하게 된다. 이것이 기도의 위력이다.

지금이라도 기도 수첩에 기도의 제목들을 기록하고 기도해보자. 기도 수첩은 하나님의 역사하심을 보는 사진첩과도 같다. 그 안에 적힌 말씀과 기도의 응답들을 보는 즐거움 또한 대단하다. 기도 수첩을 통해 하나님이 나와 동행하시고, 나의 기도를 들으시는 모습을 보면서 우리의 신앙도 점차 깊어진다. 기도 수첩을 통해 기도가 응답되는 것을 확인할 때마다 은혜가 갑절이 된다.

물론 어떤 기도 제목은 응답 없이 수십 년 동안 계속해서 수첩에 오르내릴 수 있다. 그러나 기도 응답은 사람이 아닌 하나님께 달려 있다. 그날을 기다리고 인내하면서 하나님께 기도하는 일을 쉬지 않는다면 언젠가는 틀림없이 하나님의 역사하심을 보게 될 것이다. 설령 이 세상에서 그 결과를 보지 못하고 죽는다고 해도 천국에서 그것을 바라보게 될 것이다.

믿음의 족장인 아브라함과 이삭, 야곱과 요셉의 이야기를 읽다 보면 한 가지 공통점을 발견하게 된다. 그들은 기도하고 품었던 궁극적인 비전을 보지 못하고 세상을 떠났다는 점이다. 그들이 기도한 제목들은 죽은 지 100~400년 후에 이루어졌다. 어떤 것은 수천 년이 걸렸다. 이처럼 하나님께 기도한 것은 하나님의 때에 가장 온전한 모습으로 이루어진다.

가족들에게 이런 기도 수첩이 자손 대대로 전해진다고 생각하면 가슴 설레는 일이 아닐 수 없다. 아버지나 할아버지에게는 어떤 기도 제목들이 있었으며, 그것들은 어떻게 이루어졌는지, 지금 우리에게까지 계속 이어지고 있는 기도 제목들은 무엇인지? 사실 우리는 이것을 성경 속에서 발견할 수 있다. 오늘 우리는 성경에서 아브라함의 비전과 꿈을 읽는다. 그 꿈은 오늘도 계속 이어지고 있고, 다음세대에도 이어질 것이다.

기도 수첩을 사용하면 좋은 또 다른 점은 나의 기도를 점검할 수 있다는 것이다. 나의 유익만 구하는 기도는 아닌지, 나의 뜻만 생각하는 기도는 아닌지 스스로 점검할 수 있다. 그리고 나의 기도가 성경에 나오는 기도와 어느 정도 일치를 이루며 연계성을 가지고 있는지 진실 되게 살펴볼 수 있다. 다른 방법으로 내가 성경 인물의 기도와 성경에 거한 기도를 하고 있는지 살펴보는 것은 쉬운 일이 아니다. 어느 누구도 감히 나의 기도에 대해 말할 수 없다. 그런 점에서 기도 수첩의 활용은 나의 기도생활을 점검하는 데 유용한 도구이다.

하나님이 우리에게 베풀어주신 일은 우리가 상상하는 것 그 이상이다. 만약 그것을 하나씩 기록한다면 정말 대단한 기록이 될 것이다. 그것들을 기록하면서 기도한다면 하나님의 크신 은혜에 감사하지 않을 수 없고, 하나님 앞에 겸손할 수밖에 없다. 기도 수첩을 활용해서 기도하는 것은 우리의 실제적인 삶을 변화시키는

데 유익하다. 막연하게 생각하는 데서 벗어나 삶 속에 구체적으로 역사하시는 하나님의 손길을 느낄 수 있다. 하나님이 베풀어주신 은혜와 응답들을 깨달으면서 우리의 신앙은 많은 면에서 진보할 것이다. 사람들이 이런 은혜를 망각하고 살다 보니 교만하고 하나님께 불평하는 것이 아닌가? 아마 이런 은혜들을 찾아 열거하다 보면 이미 많은 것을 하나님으로부터 받고 있음을 깨닫게 되면서 감사와 찬양의 기도가 많아질 것이다. 새로운 것을 요구하는 나 중심의 기도에서 이미 주신 것을 감사하며 찬양하는 하나님 중심의 기도로 점차 변화할 것이다.

찬송시 가운데 다음과 같은 내용이 있다.

"세상 모든 풍파 너를 흔들어
약한 마음 낙심하게 될 때에
내려주신 주의 복을 세어라.
주의 크신 복을 네가 알리라.

받은 복을 세어 보아라.
크신 복을 네가 알리라.
받은 복을 세어 보아라.
주의 크신 복을 네가 알리라."

우리의 기도는 대부분 하나님께 요구하는 것이 많다. 감사보다는 불평과 원망이 많다. 그것은 하나님이 하신 일을 내가 잘 알고 있다고 생각하는 교만에서 비롯된 것이다. 사실 우리는 하나님이 하시는 일을 알 수 없다. 안다고 하는 것은 아주 작은 티끌 정도이다. 물론 그조차도 하나님이 알려주신 한도 내에서 내가 아는 것이다. 즉 내가 아는 것은 하나도 없다고 말하는 편이 옳다. 하나님이 하시는 일을 잘 모른다면 당연히 하나님이 하시는 일에 관하여 우리의 이성과 경험으로 불평해서는 안 된다. 그런데 실제로는 얼마나 많은 사람들이 하나님이 하시는 일에 관해 쉽게 불평하는 무지한 죄를 저지르고 있는가? 이 모든 것은 하나님을 제대로 알지 못해 생기는 교만이다. 우리가 구하는 기도 내용 가운데 많은 부분이 이미 응답되었거나 하나님의 뜻을 잘 알지 못하고 구하는 기도가 많다.

　나 역시 오랫동안 하나님을 믿는다고 했지만 하나님이 하시는 일을 생각할 때 이해가 잘 안 될 때가 많았다. 그것은 지금도 여전하다. 그런데 어느 날 욥기를 읽으면서 어느 정도 이 문제에 대한 해답을 찾았다. 여기서 해답이란 내가 아는 게 아니라 잘 모르는 것이다.

　욥은 자기에게 닥친 이해 못할 고난에 관해 알고 싶어 했다. 그러나 그것에 대한 답을 알 수 없었다. 물론 욥은 기본적인 해답을 알고 있었다. 모든 것이 하나님으로부터 온 것이라는 대전제를 가지고 있었다. "내가 모태에서 알몸으로 나왔사온즉 또한 알몸이 그리로 돌아가올지라. 주신 이도 여호와시요 거두신 이도 여호와시오니 여호와의 이름이 찬송을 받으실지니이다"(욥 1:21). 그래서 욥은 죄를 범하지 않았고 하나님을 원망하지 않았다. 그럼에도 성경을 통해 아내와 친구들의 계속되는 문제 제기에 힘들어하는 욥을 발견할 수 있다. 답을 억지로 찾아내려고 하는 친구들의 요구에 맞서 욥은 나름대로 답변을 하려고 했지만 그것이 여의치 않았다. 아마 이때 욥은 개인적으로 혼란스러웠던 것 같다.

그가 그렇게 하나님이 하시는 알 수 없는 일에 관해 해답을 찾지 못하고 안타까워하는 중에 하나님이 폭풍우 가운데서 욥에게 말씀하시는 장면은 몇 번 읽어도 놀라운 광경이었다. 그 내용은 욥기 38~41장에 기록된 것으로 욥기의 마지막을 장식하며, 결론적인 메시지를 전달하고 있다. 하나님은 욥에게 세상에서 일어나고 있는 자연의 이치를 예로 드시면서 "~알고 있느냐?"라는 질문을 계속하신다.

"내가 땅의 기초를 놓을 때에 네가 어디 있었느냐. 네가 깨달아 알았거든 말할지니라"(욥 38:4).

"네가 바다의 샘에 들어갔었느냐. 깊은 물 밑으로 걸어 다녀 보았느냐. 사망의 문이 네게 나타났느냐. 사망의 그늘진 문을 네가 보았느냐. 땅의 너비를 네가 측량할 수 있느냐. 네가 그 모든 것들을 다 알거든 말할지니라"(욥 38:16-18).

"너는 별자리들을 각각 제 때에 이끌어낼 수 있으며 북두성을 다른 별들에게로 이끌어갈 수 있겠느냐. 네가 하늘의 궤도를 아느냐. 하늘로 하여금 그 법칙을 땅에 베풀게 하겠느냐"(욥 38:32-33).

하나님이 인간에게 베풀어주시는 오묘한 은혜의 일을 인간이 어떻게 알 수 있을까? 알 수 없다가 답이다. 욥기는 결론적으로 입을 다물 수밖에 없는 인간의 연약함을 전하고 있다. 모든 삶이 하나님께서 베풀어주신 은혜 속에서 진행됨을 아는 것이 축복이다. 기도 수첩을 사용하면 이런 일들을 발견할 수 있다. 그냥 지나쳤던 일들이 감사로 다가오고, 하나님의 사랑으로 느껴진다면 그것은 어떤 기도 응답보다 놀라운 일이 될 것이다.

이제부터라도 서점에 있는 다양한 기도 수첩 중 자신에게 적합한 것을 준비해서 기도를 해보라. 기도 내용을 적는 순간 하나님의 사랑을 느끼게 될 것이다. 기도의 응답을 확인하고, 새로운 기도 제목을 적어 갈 때마다 생각하지 못한 하나님의 은혜를 경험하게 될 것이다. "이는 내 생각이 너희의 생각과 다르며 내 길은 너희의 길과 다름이니라. 여호와의 말씀이니라. 이는 하늘이 땅보다 높음같이 내 길은 너희의 길보다 높으며 내 생각은 너희의 생각보다 높음이니라"(사 55:8-9). 아멘.

/기/도/따/라/잡/기/

사랑과 구원의 주님!
우리에게 구원을 주신 주님의 은혜를 찬양합니다.
구원받은 자녀로서 하루를 살게 하심을 감사드립니다.
매 순간 잊어버리기 쉬운 구원의 은혜에 감사하게 하시고
구원받은 힘으로 모든 것을 행하게 하소서.

구원받은 것이 얼마나 행복하며
최고의 축복을 받았음을 인식하여 자랑하게 하시고
그것을 삶에서 즐기게 하소서.
구원받은 사람을 주시어 서로 사랑하게 하시고
구원받은 자녀로서 교제하게 하심을 감사드립니다.
모든 출발이 하나님의 구원에서 이루어짐을 알게 하시고
구원의 능력으로 세상에서 승리하는 삶을 살게 하소서.

매 순간 이미 받은 구원을 즐거워하며
구원을 이루어가는 성숙된 삶으로 인도하소서.

우리의 만남이 온전한 구원을 이루는 데 방해가 되지 말고
오히려 그 구원을 이루는 데 사용되게 하소서.

한 번 받은 나의 구원에 만족하지 말고
아직도 구원에 이르지 못한 주위 사람들에게
구원의 복음을 전하게 하시고
구원의 은혜를 나누어주는 데 쓰이게 하소서.

구원받을 자격이 없는 우리를 구원해주신
주님의 사랑으로 이웃을 바라보게 하시고
사랑하는 사람을 바라보게 하여
늘 겸손함으로 생활하게 하소서.
구원받은 자의 아름다움을 세상에 드러내게 하시어
주님의 영광을 나타내소서.
예수님의 이름으로 기도드립니다. 아멘.

20일 기도 습관들이기

당신은 부록으로 삽입된 조지 뮬러의 기도응답 수첩을 통하여

20일 동안 기도 습관들이기 훈련을 할 수 있다.

이 훈련을 통해 자신도 모르게 기도하는 습관이 삶 속에 뿌리내리게 되고,

변화된 자신을 발견하게 될 것이다. 또한 하나님이 불가능을 현실로

이루시는 것을 보게 될 것이며, 하나님의 놀라운 능력에 의지하여

당신에게 일어나는 은혜를 경험하게 될 것이다.

Imformation
기도 응답 수첩 목적 및 사용법

1. 이 노트는 조지 뮬러의 저서 「조지 뮬러의 기도」에서 소개한 내용에 따라 하나님이 자신의 기도에 어떻게 응답하셨는지를 기록하는 수첩이다. 이 수첩을 통해서 당신은 기도 응답을 얼마나 받았는지 쉽게 확인할 수 있으며, 그 기록을 보면서 더욱 용기를 얻게 될 것이다. 그리고 믿음이 더욱 강해지면서 특별히 하나님이 얼마나 은혜롭고 자비로우시며, 얼마나 사랑이 풍성한 분인지를 깨닫게 될 것이다.

2. 이 노트의 왼쪽 페이지에는 일시와 내가 찾은 하나님의 약속의 말씀을 적는다. 오른쪽 페이지에는 우선순위에 따라서 긴급, 작정, 신유, 일반 등으로 구분하여 기도 내용과 하나님의 응답 내용을 적는다. 만약 하나님의 약속의 말씀을 발견하지 못했을 경우에는 이 책에서 제공하는 약속의 말씀을 깊이 묵상한 뒤

기도를 드린다. 특히 여기에 수록된 성경구절들은 조지 뮬러가 기도하기 전 약속의 말씀으로 삼고, 손가락으로 짚어가면서 간구한 말씀들이다.

3. 하나님의 기도 응답은 즉시 이루어질 수 있지만, 하나님의 뜻에 따라 오랜 시간이 걸릴 수도 있다. 우리가 응답받는 그 시간이 하나님이 정해 놓으신 가장 적합한 때이다. 기도 응답이 지연되더라도 인내하면서 응답받을 때까지 기록한 기도 내용을 반복해서 기도하라. 놀라운 은혜가 당신 앞에 펼쳐질 것이다.
"과거의 가장 강력한 기도의 인물들 가운데 한 사람이 바로 브리스톨의 조지 뮬러이다. 그는 거의 60년 이상 사역을 감당하면서 720만 달러 이상을 사용했다. 하지만 조지 뮬러는 그런 금액이 필요하다고 해서, 또 하나님의 사역을 감당하기 어렵다고 해서 기도한 적은 한 번도 없었다. 조지 뮬러가 어떤 문제를 놓고서 기도를 시작할 때는 성경에서 그것과 관련된 내용을 확인한 다음이었다. 어느 때는 하나님께 간구하기에 앞서 며칠 동안 성경을 확인할 때도 있었다. 그리고 하나님의 언약을 확인하고 나면 성경을 펴고 손가락으로 그 부분을 짚고서 간구하며 응답을 받았다. 그는 언제나 성경을 펴놓고서 기도했다."
_ R. A. 토레이

♣ 조지 뮬러의 기도 응답 수첩 활용 방법

1. 기도 수첩을 따로 마련해서 정기적인 기도 목록을 작성한다. 그리고 그 수첩을 항상 가지고 다닌다(이 책 부록으로 나와 있는 샘플을 활용해서 기도 습관을 들이는 것도 좋은 방법 중 한 가지다).

2. 기도 수첩을 가지고 다니면서 제목이 떠오를 때마다 무조건 기록한다.

3. 우선순위를 가지고 기도를 시작한 날짜를 기록한다. 중요한 것일수록 앞에 기록하고 기도한다.

4. 기도 제목을 놓고 매일 하나님께 기도한다. 그 기도가 응답될 때까지 결코 포기하지 않는다.

5. 기도할 때 기도 제목의 한쪽 여백에 약속의 말씀과 성구를 기록한다.

6. 기도 제목을 점검하면서 기도할 때 무슨 변화가 일어나는지 하나님의 역사를 유심히 살핀다.

7. 하나님이 응답해주신 것을 기도 목록 옆에 표시하고 하나님께 감사드린다.

8. 기도의 목적은 오직 하나님께 영광을 올려드리는 것임을 기억하고, 응답받았을 때 자기가 아닌 하나님의 이름을 높인다.

"조지 뮬러가 이야기한 것 중에 주목해야 할 것은 너무 많다. 하지만 다음 한 가지를 지적하는 것만으로도 충분할 것 같다. 그것은 바로 인내의 기도를 가능하게 하는 비결로써 하나님의 약속을 흔들림 없이 굳게 신뢰해야 한다는 교훈이다."_ 앤드류 머레이

매일 하나님의 공급하심을 기대하면서 하나님의 사역에 힘쓰던 뮬러는 기도밖에는 그 어떤 강력한 도구가 있을 수 없다고 생각했다. 하나님은 그런 뮬러의 기도에 응답하셨고, 덕분에 그는 실제로 헤아릴 수 없을 정도의 축복을 누렸다. 그는 두려움을 모르고 하나님께 기도할 수 있는 비결을 이렇게 소개한다.

첫째, 예수님을 의지하라.

강력한 기도를 드리기 위한 일차 조건은 주 예수 그리스도의 공로와 중재를 축복을 요청할 수 있는 유일한 근거로 의지하는 것이다. 다음의 성경구절을 자세히 살펴보라. "너희가 내 이름으로 무엇을 구하든지 내가 행하리니 이는 아버지로 하여금 아들로 말미암아 영광을 받으시게 하려 함이라. 내 이름으로 무엇이든지 내게 구하면 내가 행하리라"(요 14:13-14).

둘째, 죄를 멀리하라.

알고 있는 모든 죄악을 멀리해야 한다. 그 어떤 죄악도, 설령 모르고 지은 죄악이라도 하나님은 그 죄악을 용납하시지 않으니, 혹시 생각나는 죄가 있거든 즉시 회개하고, 그 뒤에야 하나님께 구해야 한다. 이에 관하여 성경은 이렇게 말씀하신다. "내가 나의 마음에 죄악을 품었더라면 주께서 듣지 아니하시리라"(시 66:18).

셋째, 믿음을 실천하라.

하나님이 맹세하며 확증하신 하나님의 언약의 말씀을 따라 믿음을 실천해야 한다. 하나님을 믿지 않는 것은 그분을 거짓말쟁이로, 위증자로 만드는 것이다. "믿음이 없이는 하나님을 기쁘시게 하지 못하나니 하나님께 나아가는 자는 반드시 그가 계신 것과 또한 그가 자기를 찾는 자들에게 상 주시는 이심을 믿어야 할지니라"(히 11:6).

넷째, 하나님의 뜻을 따라서 간구하라.

우리가 기도하는 동기는 경건해야 한다. 우리는 이기적인 목적 때문에 하나님의 선물을 요구하면 안 된다. "그를 향하여 우리가 가진 바 담대함이 이것이니 그의 뜻대로 무엇을 구하면 들으심이라"(요일 5:14).

다섯째, 인내하며 기도하라.

반드시 인내하면서 기도해야 한다. 농부가 추수의 때를 오랫동안 인내하며 기다리는 것처럼 하나님을 기다리고 또 기다려야 한다. "그러므로 형제들아 주께서 강림하시기까지 길이 참으라. 보라. 농부가 땅에서 나는 귀한 열매를 바라고 길이 참아 이른 비와 늦은 비를 기다리나니"(약 5:7)

001

기도 습관 들이기 _**1일차**

조지 뮬러의 기도 응답 수첩

날짜.　　　년　　　월　　　일

* 조지 뮬러의 약속의 말씀

"여호와여 아침에 주께서 나의 소리를 들으시리니 아침에 내가 주
께 기도하고 바라리이다"(시 5:3).

* 내가 찾은 약속의 말씀

우선순위	기 도 제 목	하나님의 응답
긴 급		
작 정		
신 유		
일 반		

2day

기도 습관 들이기 _ **2일차**

조지 뮬러의 기도 응답 수첩

날짜.　　년　　월　　일

＊ 조지 뮬러의 약속의 말씀

"네 길을 여호와께 맡기라. 그를 의지하면 그가 이루시고"(시 37:5).

＊ 내가 찾은 약속의 말씀

우선순위	기 도 제 목	하나님의 응답
긴 급		
작 정		
신 유		
일 반		

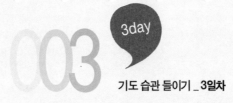

기도 습관 들이기 _ **3일차**

조지 뮬러의 기도 응답 수첩

날짜.   년   월   일

✱ 조지 뮬러의 약속의 말씀

"여호와 앞에 잠잠하고 참고 기다리라. 자기 길이 형통하며 악한
꾀를 이루는 자 때문에 불평하지 말지어다" (시 37:7).

✱ 내가 찾은 약속의 말씀

우선순위	기 도 제 목	하나님의 응답
긴 급		
작 정		
신 유		
일 반		

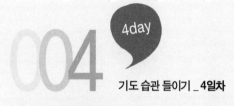

4day

기도 습관 들이기 _ **4일차**

조지 뮬러의 기도 응답 수첩

날짜. 년 월 일

* 조지 뮬러의 약속의 말씀

"네 짐을 여호와께 맡기라. 그가 너를 붙드시고 의인의 요동함을
영원히 허락하지 아니하시리로다" (시 55:22).

* 내가 찾은 약속의 말씀

| 내 인생을 바꾼 기도 습관

우선순위	기 도 제 목	하나님의 응답
긴 급		
작 정		
신 유		
일 반		

005

기도 습관 들이기 _ **5일차**

조지 뮬러의 기도 응답 수첩

날짜.　　년　　월　　일

✳ 조지 뮬러의 약속의 말씀

"내가 나의 마음에 죄악을 품었더라면 주께서 듣지 아니하시리라"
(시 66:18).

✳ 내가 찾은 약속의 말씀

우선순위	기 도 제 목	하나님의 응답
긴 급		
작 정		
신 유		
일 반		

6day

006

조지 뮬러의 기도 응답 수첩

날짜.　　년　　월　　일

✳ 조지 뮬러의 약속의 말씀

"여호와 하나님은 해요 방패이시라. 여호와께서 은혜와 영화를 주
시며 정직하게 행하는 자에게 좋은 것을 아끼지 아니하실 것임이
니이다"(시 84:11).

✳ 내가 찾은 약속의 말씀

우선순위	기 도 제 목	하나님의 응답
긴 급		
작 정		
신 유		
일 반		

7day

007

기도 습관 들이기 _ **7일차**

조지 뮬러의 기도 응답 수첩

날짜.   년   월   일

✳ 조지 뮬러의 약속의 말씀

"아버지가 자식을 긍휼히 여김같이 여호와께서는 자기를 경외하
는 자를 긍휼히 여기시나니"(시 103:13).

✳ 내가 찾은 약속의 말씀

우선순위	기 도 제 목	하나님의 응답
긴 급		
작 정		
신 유		
일 반		

기도 습관 들이기 _ 8일차

조지 뮬러의 기도 응답 수첩

날짜.　　　년　　　월　　　일

✻ 조지 뮬러의 약속의 말씀

"너는 마음을 다하여 여호와를 신뢰하고 네 명철을 의지하지 말라. 너
는 범사에 그를 인정하라. 그리하면 네 길을 지도하시리라"(잠 3:5-6).

✻ 내가 찾은 약속의 말씀

우선순위	기 도 제 목	하나님의 응답
긴 급		
작 정		
신 유		
일 반		

009

9day

기도 습관 들이기 _ **9일차**

조지 뮬러의 기도 응답 수첩

날짜.   년   월   일

✽ 조지 뮬러의 약속의 말씀

"정직한 자의 성실은 자기를 인도하거니와 사악한 자의 패역은 자기를 망하게 하느니라"(잠 11:3).

✽ 내가 찾은 약속의 말씀

우선순위	기 도 제 목	하나님의 응답
긴 급		
작 정		
신 유		
일 반		

010

기도 습관 들이기 _ **10일차**

조지 뮬러의 기도 응답 수첩

날짜.　　년　월　일

＊ 조지 뮬러의 약속의 말씀

"너의 행사를 여호와께 맡기라. 그리하면 네가 경영하는 것이 이루어지리라" (잠 16:3).

＊ 내가 찾은 약속의 말씀

우선순위	기 도 제 목	하나님의 응답
긴 급		
작 정		
신 유		
일 반		

11day

기도 습관 들이기 _ **11일차**

조지 뮬러의 기도 응답 수첩

날짜.　　　년　　월　　일

* 조지 뮬러의 약속의 말씀

"피곤한 자에게는 능력을 주시며 무능한 자에게는 힘을 더하시나 니" (사 40:29).

* 내가 찾은 약속의 말씀

우선순위	기 도 제 목	하나님의 응답
긴 급		
작 정		
신 유		
일 반		

012

조지 뮬러의 기도 응답 수첩

날짜.   년   월   일

✳ 조지 뮬러의 약속의 말씀

"내 입에서 나가는 말도 이와 같이 헛되이 내게로 되돌아오지 아니하
고 나의 기뻐하는 뜻을 이루며 내가 보낸 일에 형통함이니라"(사
55:11).

✳ 내가 찾은 약속의 말씀

우선순위	기 도 제 목	하나님의 응답
긴 급		
작 정		
신 유		
일 반		

013

13day

기도 습관 들이기 _ **13일차**

조지 뮬러의 기도 응답 수첩

날짜.   년   월   일

✱ 조지 뮬러의 약속의 말씀

"그러므로 내가 너희에게 이르노니 목숨을 위하여 무엇을 먹을까 무엇을 마실까 몸을 위하여 무엇을 입을까 염려하지 말라. 목숨이 음식보다 중하지 아니하며 몸이 의복보다 중하지 아니하냐. 공중의 새를 보라. 심지도 않고 거두지도 않고 창고에 모아들이지도 아니하되 너희 하늘 아버지께서 기르시나니 너희는 이것들보다 귀하지 아니하냐"(마 6:25-26).

✱ 내가 찾은 약속의 말씀

우선순위	기 도 제 목	하나님의 응답
긴 급		
작 정		
신 유		
일 반		

014

14day

기도 습관 들이기 _ **14일차**

조지 뮬러의 기도 응답 수첩

날짜.　　년　　월　　일

✽ 조지 뮬러의 약속의 말씀

"너희 중에 누가 염려함으로 그 키를 한 자라도 더할 수 있겠느냐.
또 너희가 어찌 의복을 위하여 염려하느냐. 들의 백합화가 어떻
게 자라는가 생각하여 보라. 수고도 아니하고 길쌈도 아니하느니
라. 그러나 내가 너희에게 말하노니 솔로몬의 모든 영광으로도
입은 것이 이 꽃 하나만 같지 못하였느니라. 오늘 있다가 내일 아
궁이에 던져지는 들풀도 하나님이 이렇게 입히시거든 하물며 너
희일까 보냐. 믿음이 작은 자들아" (마 6:27-30).

✽ 내가 찾은 약속의 말씀

우선순위	기 도 제 목	하나님의 응답
긴 급		
작 정		
신 유		
일 반		

조지 뮬러의 기도 응답 수첩

날짜.　　년　　월　　일

✳ 조지 뮬러의 약속의 말씀

"그러므로 염려하여 이르기를 무엇을 먹을까 무엇을 마실까 무엇
을 입을까 하지 말라. 이는 다 이방인들이 구하는 것이라. 너희 하
늘 아버지께서 이 모든 것이 너희에게 있어야 할 줄을 아시느니
라. 그런즉 너희는 먼저 그의 나라와 그의 의를 구하라. 그리하면
이 모든 것을 너희에게 더하시리라. 그러므로 내일 일을 위하여
염려하지 말라. 내일 일은 내일이 염려할 것이요 한 날의 괴로움
은 그날로 족하니라" (마 6:31-34).

✳ 내가 찾은 약속의 말씀

우선순위	기 도 제 목	하나님의 응답
긴 급		
작 정		
신 유		
일 반		

016

16day

기도 습관 들이기 _ **16일차**

조지 뮬러의 기도 응답 수첩

날짜.　　　년　　월　　일

＊ 조지 뮬러의 약속의 말씀

"너희가 기도할 때에 무엇이든지 믿고 구하는 것은 다 받으리라
하시니라" (마 21:22).

＊ 내가 찾은 약속의 말씀

우선순위	기 도 제 목	하나님의 응답
긴 급		
작 정		
신 유		
일 반		

017

17day

기도 습관 들이기 _ **17일차**

조지 뮬러의 기도 응답 수첩

날짜.　　　년　　　월　　　일

✳ 조지 뮬러의 약속의 말씀

"내가 또 너희에게 이르노니 구하라. 그러면 너희에게 주실 것이
요 찾으라. 그러면 찾아낼 것이요 문을 두드리라. 그러면 너희에
게 열릴 것이니 구하는 이마다 받을 것이요 찾는 이가 찾아낼 것
이요 두드리는 이에게 열릴 것이니라"(눅 11:9-10).

✳ 내가 찾은 약속의 말씀

우선순위	기 도 제 목	하나님의 응답
긴 급		
작 정		
신 유		
일 반		

018

18day

기도 습관 들이기 _ **18일차**

조지 뮬러의 기도 응답 수첩

날짜.　　　년　　　월　　　일

✱ 조지 뮬러의 약속의 말씀

"하나님이 세상을 이처럼 사랑하사 독생자를 주셨으니 이는 그를
믿는 자마다 멸망하지 않고 영생을 얻게 하려 하심이라"(요 3:16).

✱ 내가 찾은 약속의 말씀

우선순위	기 도 제 목	하나님의 응답
긴 급		
작 정		
신 유		
일 반		

조지 뮬러의 기도 응답 수첩

날짜.   년   월   일

✶ 조지 뮬러의 약속의 말씀

"그러나 나는 이제라도 주께서 무엇이든지 하나님께 구하시는 것
을 하나님이 주실 줄을 아나이다"(요 11:22).

✶ 내가 찾은 약속의 말씀

우선순위	기 도 제 목	하나님의 응답
긴 급		
작 정		
신 유		
일 반		

기도 습관 들이기 _ **20일차**

조지 뮬러의 기도 응답 수첩

날짜.　　　년　　　월　　　일

＊ 조지 뮬러의 약속의 말씀

"너희가 내 이름으로 무엇을 구하든지 내가 행하리니 이는 아버지
로 하여금 아들로 말미암아 영광을 받으시게 하려 함이라. 내 이
름으로 무엇이든지 내게 구하면 내가 행하리라"(요 14:13-14).

＊ 내가 찾은 약속의 말씀

우선순위	기 도 제 목	하나님의 응답
긴 급		
작 정		
신 유		
일 반